書名：元空法鑑心法
系列：心一堂術數古籍珍本叢刊　堪輿類　蓮池心法・玄空六法系列
作者：【清】曾懷玉、【清】李仕龍
主編、責任編輯：陳劍聰
心一堂術數古籍珍本叢刊編校小組：陳劍聰　素聞　梁松盛　鄒偉才　虛白盧主

出版：心一堂有限公司
通訊地址：香港九龍旺角彌敦道六一〇號荷李活商業中心十八樓〇五—〇六室
深港讀者服務中心：中國深圳市羅湖區立新路六號羅湖商業大廈負一層〇〇八室
電話號碼：(852)67150840
網址：publish.sunyata.cc
電郵：sunyatabook@gmail.com
網店：http://book.sunyata.cc
淘寶店地址：https://shop210782774.taobao.com
微店地址：https://weidian.com/s/1212826297
臉書：https://www.facebook.com/sunyatabook
讀者論壇：http://bbs.sunyata.cc/

版次：二零一三年九月初版
平裝

定價：港幣　二百九十八元正
　　　人民幣　二百九十八元正
　　　新台幣　一千一百八十元正

國際書號：ISBN 978-988-8266-10-4

香港發行：香港聯合書刊物流有限公司
地址：香港新界大埔汀麗路36號中華商務印刷大廈3樓
電話號碼：(852)2150-2100
傳真號碼：(852)2407-3062
電郵：info@suplogistics.com.hk

台灣發行：秀威資訊科技股份有限公司
地址：台灣台北市內湖區瑞光路七十六巷六十五號一樓
電話號碼：+886-2-2796-3638
傳真號碼：+886-2-2796-1377
網絡書店：www.bodbooks.com.tw
台灣國家書店讀者服務中心：
地址：台灣台北市中山區松江路二〇九號一樓
電話號碼：+886-2-2518-0207
傳真號碼：+886-2-2518-0778
網絡書店：http://www.govbooks.com.tw

中國大陸發行　零售：深圳心一堂文化傳播有限公司
深圳地址：深圳市羅湖區立新路六號羅湖商業大廈負一層〇〇八室
電話號碼：(86)0755-82224934

心一堂微店二維碼

心一堂淘寶店二維碼

心一堂術數古籍珍本叢刊 總序

術數定義

術數，大概可謂以「推算、推演人（個人、群體、國家等）、事、物、自然現象、時間、空間方位等規律及氣數，並或通過種種『方術』，從而達致趨吉避凶或某種特定目的」之知識體系和方法。

術數類別

我國術數的內容類別，歷代不盡相同，例如《漢書・藝文志》中載，漢代術數有六類：天文、曆譜、無行、蓍龜、雜占、形法。至清代《四庫全書》，術數類則有：數學、占候、相宅相墓、占卜、命書、相書、陰陽五行、雜技術等，其他如《後漢書・方術部》、《藝文類聚・方術部》、《太平御覽・方術部》等，對於術數的分類，皆有差異。古代多把天文、曆譜、及部份數學均歸入術數類，而民間流行亦視傳統醫學作為術數的一環；此外，有些術數與宗教中的方術亦往往難以分開。現代學界則常將各種術數歸納為五大類別：命、卜、相、醫、山，通稱「五術」。

本叢刊在《四庫全書》的分類基礎上，將術數分為九大類別：占筮、星命、相術、堪輿、選擇、三式、讖緯、理數（陰陽五行）、雜術。而未收天文、曆譜、算術、宗教方術、醫學。

術數思想與發展——從術到學，乃至合道

我國術數是由上古的占星、卜蓍、形法等術發展下來的。其中卜蓍之術，是歷經夏商周三代而通過「龜卜、蓍筮」得出卜（卦）辭的一種預測（吉凶成敗）術，之後歸納並結集成書，此即現傳之《易經》。經過春秋戰國至秦漢之際，受到當時諸子百家的影響、儒家的推崇，遂有《易傳》等的出現，原本是卜蓍術書的《易經》，被提升及解讀成有包涵「天地之道（理）」之學。因此，《易・繫辭傳》曰：「易與天地準，故能彌綸天地之道。」

漢代以後，易學中的陰陽學說，與五行、九宮、干支、氣運、災變、律曆、卦氣、讖緯、天人感應說等相結

合，形成易學中象數系統。而其他原與《易經》本來沒有關係的術數，如占星、形法、選擇，亦漸漸以易理（象數學說）為依歸。《四庫全書・易類小序》云：「術數之興，多在秦漢以後。要其旨，不出乎陰陽五行，生尅制化。實皆《易》之支派，傅以雜說耳。」至此，術數可謂已由「術」發展成「學」。

及至宋代，術數理論與理學中的河圖洛書、太極圖、邵雍先天之學及皇極經世等學說給合，通過術數以演繹理學中「天地中有一太極，萬物中各有一太極」（《朱子語類》）的思想。術數理論不單已發展至十分成熟，而且也從其學理中衍生一些新的方法或理論，如《梅花易數》、《河洛理數》等。

在傳統上，術數功能往往不止於僅僅作為趨吉避凶的方術，及「能彌綸天地之道」的學問，亦有其「修心養性」的功能，「與道合一」（修道）的內涵。《素問・上古天真論》：「上古之人，其知道者，法於陰陽，和於術數。」數之意義，不單是外在的算數、歷數、氣數，而是與理學中同等的「道」、「理」—心性的功能，北宋理氣家邵雍對此多有發揮：「聖人之心，是亦數也」、「萬化萬事生乎心」、「心為太極」。《觀物外篇》：「先天之學，心法也。…蓋天地萬物之理，盡在其中矣，心一而不分，則能應萬物。」反過來說，宋代的術數理論，受到當時理學、佛道及宋易影響，認為心性本質上是等同天地之太極。天地萬物氣數規律，能通過內觀自心而有所感知，即是內心也已具備有術數的推演及預測、感知能力；相傳是邵雍所創之《梅花易數》，便是在這樣的背景下誕生。

《易・文言傳》已有「積善之家，必有餘慶；積不善之家，必有餘殃」之說，至漢代流行的災變說及讖緯說，我國數千年來都認為天災，異常天象（自然現象），皆與一國或一地的施政者失德有關；下至家族、個人之盛衰，也都與一族一人之德行修養有關。因此，我國術數中除了吉凶盛衰理數之外，人心的德行修養，也是趨吉避凶的一個關鍵因素。

術數與宗教、修道

在這種思想之下，我國術數不單只是附屬於巫術或宗教行為的方術，又往往已是一種宗教的修煉手段—通過術數，以知陰陽，乃至合陰陽（道）。「其知道者，法於陰陽，和於術數。」例如，「奇門遁甲」術中，即分為「術奇門」與「法奇門」兩大類。「法奇門」中有大量道教中符籙、手印、存想、內煉的內容，是道教內丹外法的一種重要外法修煉體系。甚至在雷法一系的修煉上，亦大量應用了術數內容。此外，相術、堪輿術中也有修煉望氣色的方法；堪輿家除了選擇陰陽宅之吉凶外，也有道教中選擇適合修道環境（法、財、侶、地中的地）的方法，以至通過堪輿術觀察天地山川陰陽之氣，亦成為領悟陰陽金丹大道的一途。

易學體系以外的術數與的少數民族的術數

我國術數中，也有不用或不全用易理作為其理論依據的，如楊雄的《太玄》、司馬光的《潛虛》。也有一些占卜法、雜術不屬於《易經》系統，不過對後世影響較少而已。

外來宗教及少數民族中也有不少雖受漢文化影響（如陰陽、五行、二十八宿等學說）但仍自成系統的術數，如古代的西夏、突厥、吐魯番等占卜及星占術，藏族中有多種藏傳佛教占卜術、苯教占卜術、擇吉術、推命術、相術等；北方少數民族有薩滿教占卜術；不少少數民族如水族、白族、布朗族、佤族、彝族、苗族等，皆有占雞（卦）草卜、雞蛋卜等術，納西族的占星術、占卜術，彝族畢摩的推命術、占卜術…等等，都是屬於《易經》體系以外的術數。相對上，外國傳入的術數以及其理論，對我國術數影響更大。

曆法、推步術與外來術數的影響

我國的術數與曆法的關係非常緊密。早期的術數中，很多是利用星宿或星宿組合的位置（如某星在某州或某宮某度）付予某種吉凶意義，并據之以推演，例如歲星（木星）、月將（某月太陽所躔之宮次）等。不過，由於不同的古代曆法推步的誤差及歲差的問題，若干年後，其術數所用之星辰的位置，已與真實星辰的位置不一樣了；此如歲星（木星），早期的曆法及術數以十二年為一周期（以應地支），與木星真實周期十一點八六年，每幾十年便錯一宮。後來術家又設一「太歲」的假想星體來解決，是歲星運行的相反，週期亦剛好是十二年。而術數中的神煞，很多即是根據太歲的位置而定。又如六壬術中的「月將」，原是立春節氣後太陽躔娵訾之次而稱作「登明亥將」，至宋代，因歲差的關係，要到雨水節氣後太陽才躔娵訾之次，當時沈括提出了修正，但明清時六壬術中「月將」仍然沿用宋代沈括修正的起法沒有再修正。

由於以真實星象周期的推步術是非常繁複，而且古代星象推步術本身亦有不少誤差，大多數術數除依曆書保留了太陽（節氣）、太陰（月相）的簡單宮次計算外，漸漸形成根據干支、日月等的各自起例，以起出其他具有不同含義的眾多假想星象及神煞系統。唐宋以後，我國絕大部份術數都主要沿用這一系統，也出現了不少完全脫離真實星象的術數，如《子平術》、《紫微斗數》、《鐵版神數》等。後來就連一些利用真實星辰位置的術數，如《七政四餘術》及 選擇法中的《天星選擇》，也已與假想星象及神煞混合而使用了。

隨着古代外國曆（推步）、術數的傳入，如唐代傳入的印度曆法及術數，元代傳入的回回曆等，其中我國占星術便吸收了印度占星術中羅睺星、計都星等而形成四餘星，又通過阿拉伯占星術而吸收了其中來自希臘、巴比倫占星術的黃道十二宮、四元素學說（地、水、火、風），並與我國傳統的二十八宿、五行說、神煞系統並存而形成《七政四餘術》。此外，一些術數中的北斗星名，不用我國傳統的星名：天樞、天璿、天璣、天權、玉衡、開陽、搖光，而是使用來自印度梵文所譯的：貪狼、巨門、祿存、文曲，廉貞、武曲、破軍等，此明顯是受到唐代從印度傳入的曆法及占星術所影響。如星命術的《紫微斗數》及堪輿術的《撼龍經》等文獻中，其星皆用印度譯名。及至清初《時憲曆》，置潤之法則改用西法「定氣」。清代以後的術數，又作過不少的調整。

術數在古代社會及外國的影響

術數在古代社會中一直扮演着一個非常重要的角色，影響層面不單只是某一階層、某一職業、某一年齡的人，而是上自帝王，下至普通百姓，從出生到死亡，不論是生活上的小事如洗髮、出行等，大事如建房、入伙、出兵等，從個人、家族以至國家，從天文、氣象、地理到人事、軍事，從民俗、學術到宗教，都離不開術數的應用。如古代政府的中欽天監（司天監），除了負責天文、曆法、輿地之外，亦精通其他如星占、選擇、堪輿等術數，除在皇室人員及朝庭中應用外，也定期頒行日書、修定術數，使民間對於天文、日曆用事吉凶及使用其他術數時，有所依從。

在古代，我國的漢族術數，甚至影響遍及西夏、突厥、吐蕃、阿拉伯、印度、東南亞諸國、朝鮮、日本、越南等地，其中朝鮮、日本、越南等國，一至到了民國時期，仍然沿用着我國的多種術數。

術數研究

術數在我國古代社會雖然影響深遠，「是傳統中國理念中的一門科學，從傳統的陰陽、五行、九宮、八卦、河圖、洛書等觀念作大自然的研究。……傳統中國的天文學、數學、煉丹術等，要到上世紀中葉始受世界學者肯定。可是，術數還未受到應得的注意。術數在傳統中國科技史、思想史，文化史、社會史，甚至軍事史都有一定的影響。……更進一步了解術數，我們將更能了解中國歷史的全貌。」（何丙郁《術數、天文與醫學 中國科技史的新視野》，香港城市大學中國文化中心。）

可是術數至今一直不受正統學界所重視，加上術家藏秘自珍，又揚言天機不可洩漏，「（術數）乃吾國科學與哲學融貫而成一種學說，數千年來傳衍嬗變，或隱或現，全賴一二有心人為之繼續維繫，賴以不絕，其中確有學術上研究之價值，非徒癡人說夢，荒誕不經之謂也。其所以至今不能在科學中成立一種地位者，實有數困。蓋古代士大夫階級目醫卜星相為九流之學，多恥道之；而發明諸大師又故為惝恍迷離之辭，以待後人探索；間有一二賢者有所發明，亦秘莫如深，既恐洩天地之秘，複恐譏為旁門左道，始終不肯公開研究，成立一有系統說明之書籍，貽之後世。故居今日而欲研究此種學術，實一極困難之事。」（民國徐樂吾《子平真詮評註》，方重審序）

現存的術數古籍，除極少數是唐、宋、元的版本外，絕大多數是明、清兩代的版本。其內容也主要是明、清兩代流行的術數，唐宋以前的術數及其書籍，大部份均已失傳，只能從史料記載、出土文獻、敦煌遺書中稍窺一麟半爪。

術數版本

坊間術數古籍版本，大多是晚清書坊之翻刻本及民國書賈之重排本，其中豕亥魚魯，或而任意增刪，往往文意全非，以至不能卒讀。現今不論是術數愛好者，還是民俗、史學、社會、文化、版本等學術研究者，要想得一常見術數書籍的善本、原版，已經非常困難，更遑論稿本、鈔本、孤本。在文獻不足及缺乏善本的情況下，要想對術數的源流、理法、及其影響，作全面深入的研究，幾不可能。

有見及此，本叢刊編校小組經多年努力及多方協助，在中國、韓國、日本等地區搜羅了一九四九年以前漢文為主的術數類善本、珍本、鈔本、孤本、稿本、批校本等千餘種，精選出其中最佳版本，以最新數碼技術清理、修復版面，更正明顯的錯訛，部份善本更以原色精印，務求更勝原本，以饗讀者。不過，限於編校小組的水平，版本選擇及考證、文字修正、提要內容等方面，恐有疏漏及舛誤之處，懇請方家不吝指正。

心一堂術數古籍珍本叢刊編校小組

二零零九年七月

《元空法鑑心法》提要

《元空法鑑心法》。原〔清〕曾懷玉撰，〔清〕李仕龍增補、註釋。一冊不分卷。清寫本。未刊稿。虛白廬藏本。

本書原有道光十九年（一八三九）刻本，後在光緒丙戌年（一八八六）埽葉山房以原刻板再刊（虛白廬藏本，輯入心一堂術數珍本古籍叢刊・堪輿類・蓮池心法・玄空六法系列，經已出版）。本書是曾氏一脈再數傳之弟子李仕龍（或李之弟子），在鈔錄木刻本《元空法鑑》同時，尚附其門內口授訣要及增補了不少堪輿的內容。

曾懷玉，字輝山，四川灌江（今都江堰）人。生卒年不詳，清乾隆、嘉慶、道光、咸豐年間人。嘉慶七年（一八零二）於湖北，得方外蓮池先生心法，精堪輿。為當時四川中部堪輿名家。（據曾氏門人陳書一跋云：「輝山夫子，振鐸中川」。）道光十九年（一八三九）著《元空法鑑》，後得乾隆年間項木林補註之《蔣徒傳天玉經補註》，並於咸豐元年（一八五一）時以不外傳之「蓮池先生心法」口訣，於《蔣徒傳天玉經補註》（輯入心一堂術數珍本古籍叢刊・堪輿類・蓮池心法・玄空六法系列，經已出版）上作批記。傳人有羅湘、張復初、陳書一、莛海門等。

曾氏《元空法鑑》，以「雌雄」、「元運」、「金龍」、「挨星」為綱領，解釋堪輿學三元派的法理（玄空）。對清代稍晚的劉傑《地理小補》（同治十三年（一八七四））、高守中《地理冰海》（光緒戊子（一八八八））等頗有影響。當今習「玄空六法」者，亦多亦宗《元空法鑑》。不過此書內容過於簡略，於關鍵處法訣未有公開，眾說紛紜，莫衷一是。

欲釐清曾氏所傳「蓮池先生心法」之內容，除曾氏公開刊刻之《元空法鑑》外，另外幾種原來秘傳的文獻便可說是開啟「蓮池心法」奧秘之鑰匙：

一、《元空法鑑》批點本，虛白廬藏本（經已出版），

二、曾氏批記之虛白廬藏本《蔣徒傳天玉經補註》（經已出版），

三、清光緒龍門李守清的鈔本《元空法鑑》中口授訣要部份（經已出版），

四、《元空法鑑心法》（清鈔本，虛白廬藏本，即本書）

五、「蓮池心法」一脈師弟傳授之秘本《秘傳玄空三鑑奧義匯鈔》（經已出版），

虛白廬藏本《蔣徒傳天玉經補註》有曾氏於咸豐元年（一八五一）的批記。其中載錄其師蓮池先生親授的「天玉三大卦直解」、「挨星九星全圖（解）」、「元空大卦圖」（據云包含金丹家及地理〔堪輿〕家的廣大精微之奧旨，也是《青囊序》、《青囊奧語》、《天玉經》、《都天寶照經》的精義）等。其批記的「元空大卦圖」、「地元卦四陰局之圖」、「地元卦四陽局之圖」、「人元卦四陰局之圖」、「人元卦四陽局之圖」、「人元兼天元四正卦圖」、「人元兼天元四隅卦圖」、「天元卦陰四局之圖」、「天元卦陽四局之圖」、「天元兼地元四正卦之圖」、「天元兼地元四隅卦之圖」、「天元兼人元四正卦之圖」、「天元兼人元四隅卦之圖」、「五位相得而向有合解」、「朱子納音方圖（解）」、「五行五音提綱」、「十二律配十二月」、「方圓宮一局起例」、挨星訣數種、「三元圖發旺」等等，以上各圖訣在曾氏公開刊刻的《元空法鑑》並沒有公開，其中部份更說明只傳後人，「切不洩漏天機，慎之慎之」。可見曾氏此批記實甚秘密。曾氏批記書中「經四位說」、「隔八相生說」，及起父母、挨星之訣，又屢引端木國湖《地理元文》之語。故知曾氏除宗蓮池先生之蓮池心法外，亦可能受清代三元玄空六派的上虞派端木國湖《地理元文》（輯入心一堂術數珍本古籍叢刊，即將出版）之影響。（虛白廬藏本《蔣徒傳天玉經補註》，收入心一堂術數珍本古籍叢刊・堪輿類・蓮池心法・玄空六法系列，經已出版。）

另兩種是清光緒龍門李守清的鈔本《元空法鑑》中口授訣要部份及本書《元空法鑑心法》（清鈔本，虛白廬藏本）。這兩種鈔本，都是《元空法鑑》曾懷玉一脈內秘傳的鈔本，在傳鈔《元空法鑑》時，都加注

了不了訣要內容。其中以《元空法鑑心法》鈔本所加內容較多較雜，其中如書中的〈元空心法〉、〈三般卦六龍配合雌雄交媾下卦挨星總括歌〉、〈金龍水口歌〉、〈起江東江西卦例〉、〈玄空妙旨〉、〈催丁〉、〈陰宅收水法〉、〈天地挨星數學圖〉等，皆是曾懷玉〈蓮池心法〉一脈的不傳之秘口訣。此書又更揭開了蓮池心法一脈師承之謎，據書中所述：「無極子傳蔣平階，平階傳子悠□（？），傳蓮池先生，蓮池傳曾輝山，輝山傳菘海門，傳江晏（號仲三），仲三晏傳王雨高，傳龔渭南，傳王燕清，傳鍠炳坤，傳李仕龍，元空心法於是相傳勿替也。」據蔣大鴻（平階）家譜，蔣氏卒於康熙己巳（一六八九），蔣大鴻有子三：蔣曾策、蔣左箴、蔣思待（據虛白廬藏蔣大鴻家書）。書中提及蔣大鴻子悠□（？），與蔣氏三子名、字俱不同，不知所指那一位，或是傳鈔之誤？曾懷玉在嘉慶七年（一八零二）於湖北得方外蓮池先生心法。此距蔣大鴻仙逝一百一十三年，云曾懷玉師蓮池先生師承蔣大鴻子，從時間上或有可能。

另一種是《秘傳玄空三鑑奧義匯鈔》。《秘傳玄空三鑑奧義匯鈔》撰者歐陽烟，字在田。江南江寧（今南京）人。生卒年不詳。清末民國間人。其堪輿之傳承，當與曾懷玉所傳「蓮池先生心法」有關，或為其一脈相傳。《秘傳玄空三鑑奧義匯鈔》以曾懷玉《元空法鑑》為宗，書中亦明言：「玄空大法（卦？），蓮池心法。此集中故然申明其法。」此書認為，三元地理玄空之道，主要由法家、日家、形家三部份構成。法家指「理氣」，日家指「選擇（擇日）」，形家指「巒頭（形勢）」。故天部中述法家之奧秘時，即以曾懷玉《玄（元）空法鑑》（清刻本因避清諱，故易「玄」為「元」。）為首。此也何解釋曾氏《玄（元）空法鑑》書名之義，乃是對三元地理玄空「法家」之鑑，明察其要義。《秘傳玄空三鑑奧義匯鈔》在《玄（元）空法鑑》之基礎上，進一步對《法鑑》中的內文加以註釋、增訂、補充，力求包含「蓮池先生心法」中「法家」的精微奧義，俱盡於此書。曾氏《玄（元）空法鑑》原書體例是精約的圖註（述義章云：「采圖必精，集註甚約」）。而歐陽氏《秘傳玄空三鑑奧義匯鈔》中「法家」部份，便是對《玄（元）空法鑑》其中的精約圖註，補充「訣」、「解」，闡釋其奧義及作法。如「秘竅挨星口訣」、「金龍水口解秘訣」等章。書中天元部，鈔錄《玄（元）空法鑑》之文，又有不少處與原書有出內，或是門內對刊本的訂正。如刻本《元空法鑑》：「蔣氏不重挨星，而《天玉》謂『挨星惟最貴』」。而本書：「蔣氏既得挨星，而《天玉》謂『挨星惟最貴』」。如此種種，本書多處，或是其門內之口訣，可校刻本《元空法鑑》。

書中又提出：「流年之九星，不在挨星之數也……學者尚要分別清楚」。這也跟現時一般三元玄空及玄空六法對挨星的詮釋不同，讀者宜注意。此外書中尚有「三元奧妙黃公訣」、「金龍水口解秘訣」等「蓮池心法」秘訣。作者反覆申明，此秘鈔本不可外傳：「非忠孝廉節之人，切不可傳此三卷秘竅，法家形家日家，盡於此也。」「法家、日家、形家，三元地學奧義，地學三卷秘竅口訣，三家之玄妙盡矣」。

以上五種極珍貴的三元玄空蓮池心法文獻，原一直是門內秘本絕不外傳，今將之一并公開若，能持之對讀，當有會心，可以窺知蓮池心法的真傳奧秘，對破譯玄空六法的秘竅也有很大幫助。

為令此稀見蓮池心法鈔本不致湮沒，特以最新數碼技術清理、修復版面，以原色彩色精印出版，一以作三元玄空法訣資料保存，一以供同道中人參考研究及收藏。

元空心法

元空之法本於先天河圖理氣陰陽對待雌雄交媾是元也空也乃先天八卦交陽变陰元有活法空有活機無元不空無空非元者也此法傳至唐朝楊筠松筠松窃天府石室真傳命一行禪師造僞術郎如今三合四生唐書府秘本失去天子見伊等所作僞法故不降罪僞書用以滅蛮名滅蛮經楊公真傳々於後裔孫子自宋初乃傳無極子無極子傳蔣平堦平堦傳子悠[illegible]

傳蓮池先生蓮池傳曾輝山傳蔻海門傳江晏號仲三是

傳王雨高傳龔渭南傳王燕清傳鍾炳坤傳李仕、

龍元空心法於是相傳勿替也

元空法鑑叙

天生神物其名曰易身色無恒日十二变聖人設卦觀象取

以名經尚其变也然則世之談地理而托名於易者多矣、

其知变乎曰否知变化之道者惟元空元空行陰陽之氣

者也元則未嘗不空空則未嘗不元元空固隨時隨地、

而变者也知随時随地而变之元空則随時随地可捉元空矣而世之俗術乃执大小之説以求之妄也执納甲洪範卦例甫星四經三合以求之愈妄也豈知变動不居周流六虚元有活法空有活機太極動而生陽静而生陰陰陽交而生旺集所謂元之一而神者無非空之两而化也江源輝山夫子得先天之學於蓮池参以當代名師手集法鑑一書明元空之出於易者最精最微亦確夫子其神於坎離夫上經首乾坤而終以坎離天地一坎水火[illegible]

下經首咸恒而終以濟未濟山澤風雷一水火也總之一六四九二七三八以中五秉三元之氣定其前後左右有山收山有水收水則審運辨象定卦分星顛倒挨排不出元空中也世之仁人孝子誠精而求之則知地理即知易道知易道即知天道乃可以盡人道天道也地道也人道也一以貫之湘竊有望於世之讀是書者

門生羅　湘拜撰

元空法鑑叙

元空大法不明於世久矣讀蔣氏辨正書含糊隱約不愜於心竊慮其悞人而奸詐之徒因而托之以射利而惑世也乃舉生平所傳於師所得於友者摘其切要數條以著於世題曰元空法鑑欲人之易知也一切幽深玄渺之說不存焉欲人之易能也一切迂迴曲折之法無取焉世之仁人孝子欲安其親而庇其根者庶幾有所考鏡而不為俗書之所悞俗術之所惑哉

灌江曾懷玉紀畧

題詞

赤城山栖霞子

元空心法惟此子。莫向群書枉問津。悟得先天真妙訣。乾坤六子一家春。

乾遇巽時為月窟。地逢雷起見天根。天根月窟閒來往。三十六宮都是春。

受業南海張復初

題詞 二首錄一

青囊秘旨是玄空。三卦排來對不同。正運到山龍入相。零神得位水成功。
翻天倒地乾坤小。轉斗移星造化工。始信先生參贊業。分明都在一圖中。

述義

元空秘法。非經師傳。難免心悮。壬戌北上舟次於荆門。蓮池先生授以先天之學。始通其義。故作集以蓮池心法為主。兼采當代名師秘傳。合爲一編。雖披肝露胆。天機未免漏洩太盡。然始此道昌明於世。而有益於人。雖違大戒。又何恤焉。

此集分爲四大綱領。一雌雄。一元運。一金龍。一换星。采圖必精。集註甚約。不敢一字杜撰。以悮人。

楊公養老看雌雄。曾序首句已。說盡。諸。經。道。理。其訣只在交姤處。生出妙用來。易緯云。易一名而含三義。元空即變易之理。然錯綜其數。孔子已言之矣。而世儒拘死不悟何哉。

元空大法全以元運為主雌雄以此看金龍以此認血脉來龍以此審下卦挨星以此定五德之運當王者貴易所稱與時偕行者非六龍乎地理之道孰大於是

曾序首揭金龍經曰認金龍一經一緯義不同（窮）此即元陽之氣也而不得泛言陽氣者以其從先天乾卦而來故尊之曰金龍其動大者全卦純乾則大用之其動小者一陽來復則小用之是下手第一着工夫

地理得失決於定卦金龍水口即定卦之標準世傳蔣氏四十八局尚非真術寶照云城門一訣始為良可知定卦必以金龍水口為主矣

蔣氏不重挨星而天玉謂挨星惟最貴與語寶照言挨星者甚詳蓮池心法有龍上九星水上九星此集圖中九星有二一以先天為主一以後天為用各極其妙不可混看

元空大法不過定卦挨星兩事人知定卦乃用挨星而不知挨星以定卦蓋挨星以定卦之後所以察水而挨星於定卦之前所以辨乑烋察水人知之辨乑烋則知者僅矣故有挨星不甚重之說且有竅挨星而不用者全不知挨星者也

元空最重者用一卦法蓮池心法龍穴砂水向歸於一路謂之一不出卦此卦非後天方位之

卦亦非先天八卦之卦乃從先天化出如甲癸申辰為震卦所謂先天卦氣也歷來仙師相傳羅經無紅黑字一盤以陰陽錯雜不可以方位定也自范宜賓造設紅黑字每一層分出天地人三卦學者易於入門然此實已悞人不少不知范盤紅黑字乃後天卦位認此為不出卦謬之不止千里也此作用中第一件大事特為揭出

地學以形勢為體理氣為用二者不可偏廢形勢俗書汗牛充棟不可入目學者總宜以楊公九星為主疑龍撼龍二書經海門先生已刻於榮昌矣金繩覺路其功不小茲不復贅

蔣氏作辨正有功於楊公然不肯直揭本原使讀者精揣於疑似彷彿之間按圖索驥指鹿為馬悟盡天下聰明才子非徒自悞且又悞人則自有辨正以來其禍於斯世可勝言哉

者上求衣食之輩多托名於蔣氏其敢於大言欺世者實因蔣註無有明文因得以飾知而行奸路傲其形凶險其性世家大族不辨真偽事之如父母尊之如神明不惜財帛不顧屈辱使置先人於泉壤之鄉不數年而敗亡五至吾見亦多矣此輩真是人可殺然即殺之無救於禍惟有痛哭而已此法鑑所由作也豈得已哉

讀書需分別真偽秦漢以上古書（如素書宗言之類）今後人偽造姑不具論晉唐而下形勢偽書不能枚舉此執方位而廢陰陽夫婦者（卦例三合之類）皆偽之尤者也此論巒頭而雜入五行生剋者（如亦奸傳之類）皆偽之尤者也理氣偽書不能枚舉此執方位而定陰陽夫婦者（卦例三合之類）皆偽之尤者也大約形勢理氣方位三者須分别清楚三者混淆即是偽書蓮池先生云山川之星體本於斗車（此形勢之真者）善用先天者不用先天善用後天者不用後天（此理氣之真者）

知此則真書可識而真機自見矣

桃花煞即四生敗地破局水

亥卯未鼠子當頭忌　木生在亥敗在子故忌鼠

巳酉丑躍馬南山走　金生在巳敗在午故忌馬

此二局皆淨陰子午陽水來破即為桃花水若卯酉合局不忌

申子辰雞叫亂人倫　水土生在申敗在酉故忌雞

寅午戌兎從茅裏出　火生寅敗在卯故忌兎

此二局皆淨陽卯酉陰水來破即為桃花水若子午合局不忌

論驛馬水

申子辰馬到寅　陽見陽輔星為巨門
寅午戌馬居申　陽見陽亦為巨門
巳酉丑馬在亥　陰見陰輔星為武曲
亥卯未馬在巳　陰見陰亦為武曲

論八風

天風吹穴人逃外地風吹穴絕人丁凹風吹穴出聾啞八風吹穴主孤貧座穴高獨為天風龍虎舐陷地風真從面無包為天風後頭無託是天風東西無顧地風真

乾風吹穴人逃外艮風吹穴水蟻叢巽風吹穴人夭死坤風吹穴土成空近河多業
蜈蚊蚋近屋多主生畜毛若近高山多蝦蟆若近寺廟鼓氣蛇若近牆垣生竹

離

元武吹穴人逃外孤兒寡母守空房朱雀風吹遭回祿難留一帶到門牆兄死弟埋
龍風動弟死兄埋虎風傷

巽風吹過乾木根白蟻全乾風吹過巽泥土侵屍骸定然木根生坤風吹過艮坟中
不潔淨坎風吹過離內面定有泥離風吹過坎兒孫若干萬震風吹過兌世人
難躲避兑風吹過震木根泥土堆

論八風斷訣

艮寅風定則翻棺甲卯風木板根穿乙辰風白蟻如泥入巽巳風葉滿棺丙午風蛇泥入傷人丁未風癆瘵災屍左邊坤申風面皮開蟻穿衣庚酉風墓開蓋先穿辛戌風頭合足乾亥風屍不全壬子風水浸板癸丑風黑泥填若無明師真口訣亡人受苦子孫愁

論八卦風

巽風脚根穿泥水骨一邊乾風蟻螻兩頭朽屍骨泥土浸艮風新骨白白蟻木根登

坤風吹過艮家貧坟不淨坎風吹過離內面有蛇蟻離風吹過坎訟事苦千萬

兑水右邊入蛇蛟難躲避震風右邊朽木根泥土堆寅風頭脚下亥風木根生

巳風頭蟻壞切莫亂傳人

論地支風斷訣

子午風來先穿蓋卯酉風來底先穿寅申巳亥周圍濫辰戌丑未不周全主癩

論八方地風斷

子風吹過午平空一板土卯風吹過酉棺從左邊朽寅風吹過申頭首歸腳跟亥風吹過巳樹根穿板至右風左左風右內必吹走一邊穴高風吹着內必有蟻住

論埡風吹射坟宅斷

子癸風吹主人落水男女姦淫丑風吹投軍散庫艮風吹瘟火瘴疾病寅風吹虎狼

傷害甲風吹路途死亡乙卯風吹子孫瘖盲辰巽風吹主人頭痛巳風吹主人
蛇傷午丁風吹主人火灾未風吹主人癆瘵咳嗽坤風吹主人出寡人申庚風
吹主人暴死酉辛風吹主艱難戌乾風吹主腰痛亥壬風吹主出盜賊

二十四方埡風斷

壬子埡缺其風吹坟堆井内耗子居住
癸方埡缺其風吹到坟堆井内先生水後生泥蟻壞棺
丑艮埡缺其風吹到坟堆井内耗子成群棺朽壞
寅申埡缺其風吹到坟堆井内草葉汙穢主子孫瘋癲瘡毒之灾

卯乙埡缺其風吹到坟堆井内木根草蔓
辰方埡缺其風吹到坟堆井内有大蛇還生卵蛋
巽方埡缺其風吹到坟堆井内樹木草裏住屍骸必有蛇住裏
丙午方有風吹到坟堆井内赤黃二色之蟻住棺木内
丁未方埡缺其風吹到坟堆井内上燥下濕有蟻
坤申方埡缺其吹風井内白蟻坳棺
庚酉辛方缺其吹風井内蟻入棺食屍骸一半
亥方埡缺其風吹到坟堆井内水蟻交加

水出辛乾壬　火局　水出丁庚坤　木局　水出乙巽丙　水局　水出癸艮甲　金局

水出辛戌宜立生旺死絕四向水出乾亥宜立絕墓養三水出壬子宜立胎沐衰絕四向四局皆同生旺死絕同歸庫絕胎之向絕胎流左沐右絕歸胎位墓絕養絕衰胎求

壬山丙向辰水來主胎患人主自縊落水之災主人命敗家若乙辰方有垭風主癲狂午方有砂出盲目

子山午向艮龍辰水出愚蠢人主人命若午有砂主盲目墮胎

癸山丁向酉龍辰水缺唇喑啞主木石牆打凶死人命乙辰双來自縊落水之災被

人殺死午上有砂主瞎目

丑山未向丑龍辰水主悖逆生大瘡若乙辰水主亡

艮山坤向巳水來主蛇傷辰水來缺唇若乙辰啞風主癲狂若未砂起主絕房

寅山申向巳風主蛇傷丙風主疤子破祖

甲山庚向兼庚申水双來主招賊盜被賊偷若申水朝來大主出賊盜又出悪人若

子孫癸水來主落水壬癸水來亦同

卯山酉向申水來主人命敗家主瘟癘子癸二水壬水主腫病

乙山辛向子水來主落水申水來兼卯半边主人命若天盤乙山辛地盤半辛半戌

主喑啞壬辰癸山水來主水亡

辰山戌向辛水來主冷退又主出乞丐辛酉二水双來犯八煞二女同居難以生男

巽山乾向酉水來主人命又主盜賊辛水來犯冷退出乞丐艮丑二水來破祖絕嗣

亥卯分金水來破側室之大富

巳山亥向寅甲二水双來主癲狂坤申二水主蛇傷若辰巳二風双來亦若乾砂空

缺乾水破出矮子

丙山壬向兼主官非口舌若亥壬双主人命兙妻吐血若亥卯未水會合命即驗若

亥水來去主落水癆傷產難而亡

午山子向亥水來主人命又主癆傷產難乾亥双來主吐血又主尅妻若坤龍來主男女吐血又主癆傷若癸水主墮胎

丁山癸向癸丑水双來主藥毒女禍隨母改嫁主逆墮胎

未山丑向辰戌二水來出大癄瘋又主悖逆寅申二水來主癲狂若壬水去主驟狂好遊蕩

坤山艮向艮寅二水來主吐血尅妻產難若乙辰啞風癲狂庚酉双龍遇丁水出白人

申山寅向巳水來主出產難消耗艮水殺主冷退又絕嗣

庚山甲向辰戌二龍丑水來出大痲瘋辰上二墉砂風出惡人

酉山卯向寅申水双來出癲狂甲卯水双來主生瘤癱乙神水來主生痒子母豬瘋

寅申埡風來出陀背子

辛山乙向乙水來蛇傷產難人命乙辰有砂出器色卯乙埡風出盲目

戌山辰向乙辰上有砂出器色卯丑未二水主悖逆若卯水來主男盜女娼

乾山巽向甲卯水双來出癲子午水來出盜賊淫亂寅水來瘋狗咬瘟瘴辰戌分金

水來破側室之子主大富

亥山巳向甲寅水双來出瘋癱又主瘋狗咬瘟瘴午水出盜賊淫亂辰水主生大瘡

要壬丙分金壬子却源居申位庚申乾上巳中尋甲寅還是亥上起艮丙辰午戌歸

寅陽癸亥源來卯上起乙卯巽上午宮行坤丁巳丑未歸酉辛酉却向子上尋

論消水

坤申艮寅子上尋甲卯庚酉却歸寅乙辰辛戌辰起巽巳乾亥午中停壬子午丙居

申位癸丑丁未戌上輪　用法坤申艮寅子上尋就在子上起建除滿平定執破

危成收開閉順行十二星當遇建破平收四星在方位上有水門路值此四星

者主生白蟻

推寶照二十八宿訣

角十二度　亢九度　氐十六度　房五度　星六度　尾十九度　箕十一度　斗廿三度　牛七度　女十二度

虛九度　危十七度　室十七度　壁九度　奎十七度半　婁十二度　胃十四度　昴十一度　畢十七度　觜半度

參九度　井三十度　鬼二度半　柳十四度　心七度　張十八度　翼二十度　軫十八度半

符頭

甲子戊甲戌己甲申庚甲午辛甲辰壬甲寅癸辛奇丁月奇丙日奇寅

寶照太陽例

戊子乾宮亥為庚（起太陽）戊寅坎艮丑壬辰戊午申門同甲卯四宮戊戌二九申上有

戊辰庚酉辛一飛盤過一同皇二十四山三三起門從方上定今明

起八門例

坎艮震巽離坤兌乾　三日換一宮不入中宮順行

大寒六日竇平宮　逢子起　正月在亥二月戌三月酉四月申五月未六月午七月子

八月辰九月卯十月寅冬月丑臘月子

父子爻

乾金甲子外壬午坎水戊寅外戊申艮土丙辰外丙戌震木庚子外庚午巽木辛丑

外辛未離火己卯外己酉坤土乙未外癸丑兌金丁巳外丁亥

年白例

坤二黑兌七赤乾六白上元甲子起一白中元甲子起四祿下元甲子起七赤兌方離九紫中
黃坎一白是逆尋年分順宮遊

月白例

子午卯酉年正巽四祿震三碧艮八白月起八白辰戌丑未年正月起五黃寅申巳亥年正
月起二黑逆行

日白例

日家白法不難求二十四氣六宮周冬至雨水穀雨陽順一七四宮遊夏至處暑霜
降後九六三星逆行求如冬至後甲子為上元起一白乙丑起二黑雨水後甲

子為中元起七赤乙丑起八白谷雨後甲子為下元起四祿乙丑五黃並順布

求值日星入宮順行夏至後甲子為上元起九紫乙丑起八白處暑後甲子為

中元起三碧乙丑起二黑霜降後甲子為下元起六白乙丑五黃逆布值日星

入中宮逆行

時白例

子午卯酉日冬至後子時起一白丑時二黑順行夏至後子時起九紫丑時起八白

逆行辰戌丑未日冬至後子時起七赤丑時起八白順行夏至後子時起三碧

丑時起二黑逆行寅申巳亥日冬至後子時起四祿丑時起五黃順行夏至後

子時起六白丑時起五黃逆行

穿山黃道起倒

坤艮寅申起子宮甲庚卯酉寅上宗乙辛辰戌龍頭位巽乾巳亥午上通丙午壬子

甲上建丁未癸丑犬中逢

建滿閉風二子毀平收執風長難當除危三子多豪富破主四房災禍殃滿城到亂多蟻水定開諸子不風光木根當從閉下來建破平收生白蟻除危定開有紫芝滿城執破閉位風翻傾接木根泥收定穴中玄妙法穿山黃道最為強建除滿平定執破危成收開閉

二十四山鐵掃篇任君天下走照風水斷訣

甲子辰共六木宮三年有水在其中定主三年棺木濫黃金伏盡尸骨朽寅寅午戌三位同白蟻從頭兩邊入戌乾亥坤庚水來到坟尸無限土來堆乚有鰍鱔辰有蛇寅午戌穿乾子水定有蜈蚣在裏頭丑山丑水對不同定主棺木水盈濃辰見戌棺十分濕戌見辰屍乱縱橫申見子棺有老鼠乚在乾風在頭邊若還卯未來到定然破底水中穿時師無龍休下穴定然井中棺木朽任君斷有殺黃金白蟻枯骨入烏泥有分無合一棺水有合無分一井泥無龍無虎木根穿黃金定斷不差移

論房分公位

養生貪狼位沐浴冠帶文臨官帝旺武逢衰是巨門病死為廉貞絕胎是祿存墓庫是破軍七曜共分明

論房分興敗

貪狼長子巨門仲武曲水來三房隆文敗仲祿敗季破廉長子受貧窮

禽星砂法古度

乾坤艮巽是木鄉寅申巳亥水神當辰戌丑未金為局子午卯酉是火塲甲庚丙壬名是火乙辛丁癸土相當我尅是財為祿馬尅我為煞大難當生我食神出丙

榜比合人財却高強減我文章窮透底女婿功名官高強

新度砂法古度

太陽金管在陽干　太陽金火四生纏　壬宿原來四真正

金星不遠四陰干　惟有水木參淮庫　巽前落後艮坤癸

逐月節氣旺星

立春至春分計為用羅作恩春分至清明水火為用金木作恩清明至立夏金為用土作恩立夏至夏至水為用金作恩夏至到小暑水火為用金木作恩小暑至立秋水為用金作恩立秋至秋分木為用水作恩秋分至寒露水羅為用金炁寒露到立冬木

為用水作恩立冬至冬至火為用木作恩冬至到小寒水火為用金木作恩小寒至

立春火為用木作恩

立春後土計為用火羅為恩春分後水孛火羅為用金木炁為恩清明後金為用土計為恩　立夏後水孛為用金為恩夏至後水孛火羅為用金木炁為恩小暑後水孛用金為恩　立秋後木炁為用水孛為恩秋分後水孛火羅為用金木炁為恩寒露後木炁為用水孛為恩　立冬後火羅為用木炁為恩冬至後水孛火羅為用金木炁為恩小寒後火羅為木炁為恩　此十二法已內時合來此亦要

總論

春土羅　夏金計口　秋木水　冬火木　然切不可拘一之用也

凡日月食前後共七日不用火水同宮度不用羅孛同宮度不用日月同宮度不用日羅同宮度不用月計同宮度不用恩用退伏為凶忌難退伏為吉有與太陽衝者不用計羅攔截日月恩用命主無他星混雜者最吉忌難當天照嫁雖不親不用我山問命宮主也亦雖用動盤為主而靜盤亦須詳查

艮寅甲巽巳丙坤申庚乾亥壬十二陽中五立極臨至

四方子癸丑卯乙辰午丁未酉辛戌十二陽

以動靜兩盤而論正道隅隅到正陰順陽逆正到正隅到隅陽順陰逆又合五合十合十五合一六共宗合二七同道合三八為朋合四九為友假如現在四運論午子山向以飛宮順推到坎宮動盤変為丙午丁即是隅到正又以離入中宮逆推到坎陰陽交合為一四合五有運也餘可類推

山運用順水運用逆而挨星仍用順佈滿九宮其順逆顛倒之法仍照上山運訣歟

此中人語云不是為外人道也

青龍黃道起例

申青龍 酉明堂 戌天刑 亥朱雀

未勾陳 如甲子申時起青龍 子金櫃

午司命 酉上起明堂順行 丑天德

巳玄武 辰天中 卯玉堂 寅白虎

子午青龍起在申卯酉之時又到寅寅申須從子上起巳亥到午不須論惟有辰戌歸辰上丑未反從上戌尋本日如遇時上有青龍明堂金櫃天德玉堂司命為黃道天刑朱雀白虎天牢玄武勾陳為黑道黃吉黑道凶

子嗣口訣總斷八圖

貪狼五子巨三郎武曲金星四子強五鬼廉貞兒兩個輔弼只有半兒郎文曲水星

惟一子破軍絕命守孤霜祿存無子人延壽生氣休囚仔細詳

蓋折屋歌

人人都說會陰陽要知拆屋在何方寅申巳亥防家長迎百不許動西廂辰戌南方

不可卸丑未東居亦有傷子午因來忌堂屋哲人于此細思量若君不信陰陽

法無過西日便災殃

入宅斷禍福

六殺先須防損人五鬼常防見火侵禍害年年當不到絕命人口有災殃天醫當進

千箱寶延年安樂災無生生養貪狼一面事遂兒孫代代富貴興

入宅斷年數

五鬼廉貞寅午戌六殺文曲申子辰絕命破軍巳酉丑福祿辰戌丑未臨生養貪狼

亥卯未天醫巨門土相臨辰戌丑未為延年五曲金星帝旺臨寅巳酉丑子孫

世代主長壽

舊傳十退神水去吉朝來凶

巳向未丁流打馬去朝京午向水流丙五馬出磚城酉向水流辛富貴足金銀辛向

水流丑也自足牛田戌向水流乾金寶如砂積乾向水流乾富貴出雙金丑向

水流艮富貴聲名退卯向水流乙財穀自然聚辰向水巽流富貴庄田進巽向

水流巽宮取富無比

舊傳十四進神水來吉流去凶

丙向午水朝富貴保千秋丁向午水入田地積金銀未向坤水朝大富出官僚坤向

申水至亦出文章貴申向申水來富貴有梯媒庚向申水至百寶金銀聚亥向

亥水朝富貴來無休壬向子水朝田地數萬坵子向子水至官職登科第癸向

亥水朝也自足田牛艮向甲水朝巨富足錢財寅向水流丙百萬庄田進甲向

卯水朝富貴更無比乙向甲水來財穀積成堆

徐氏曰十退神及十四進神舊本雖在而久傳千世但求其義與玄空進退之說實

不相合不能無疑姑存之以俟高明

安牛欄方位

唯有倉牛在天盤餘畜盡歸人盤安各尋方位修大吉仔細毫厘莫要偏唯丙丁莫修牛房屋此方定主多瘟疫人人若還用地支少吉多凶大不良凡修安者宜用四維即乾艮坤巽並八干除丙丁修方餘皆大吉

豬欄斷訣

豬方無向子午安惟此二方大不利六畜多招瘟疫纏用庚丙壬遭鼠咬寅申巳亥生蟾乙乙辛丁癸庚毛長乾坤艮巽豬不長惟子午方位染瘟瘽翻槽咬楼不

肥壯眾逢相爭定不饒地盤立向止為訣三七相兼禍吉侵正所謂怕兼淺殺

後學者仔細詳明

馬房斷例

艮丙坤乙兑丁巳丑震庚亥未十一山一德丑未合辰戌奇羅乾巽紫氣丁癸貪狼甲庚太陽卯酉

虎豹艮坤狐狸乙辛刀兵壬丙刀砧子午血刃巳亥

乾甲巽辛坎辰申癸離壬寅戌十二山一德辰戌三台丑未奇羅艮坤紫氣乙辛貪狼丙壬太陽

子午虎狗乾巽豺狼丁癸刀兵甲庚刀砧卯酉血刃寅申

一德宮中宜養馬三台位上定豬方牛屋奇羅為上吉羊棧紫氣定高強貪狼位上

安雞蛋太陽六畜最宜艮虎豹狐狸刀兵大難當刀砧連及血刃杀六畜須教

全滅亡

門樓經

質庫　絶嗣　横財　徙形　遭官　進田

食邑　進龍　科司　欠債　飯羅　大耗

乾亥壬子癸丑巳上起　艮寅甲申上起

卯乙辰巽戌上起　巳丙午亥上起

丁未辛戌辰上起　坤申庚酉寅上起

看穴口訣

尋龍容易点穴難一差毫厘隔千山窩鉗乳突穴形象吞吐浮沉淺深閒蓋粘倚撞穴法念羅紋暈影穴中探龍虎案高高處点龍虎案低低處扦不高不低從中取十字啣柴一担擔前觀後鬼正相對來山去水屈抱環此是看穴真口訣不是知音不與談

看砂口訣

到頭尖尖便是砂如鰌如鱔魚是他龍若停時砂不走龍若行動砂排衛砂若魚開大帳不如龍開大帳不若龍員蓋送佳千叠重包只顧主萬峯盡聳總奴砂灣

塼曲曲無起伏飄飄蕩蕩兩生涯東走西竄如葱尾上飛下舞似菊花如禽如獸如獅象如狼如虎如蝦蟆金廂玉印及日月倉庫旗鼓與魚蝦百班物類砂能消除却正龍皆謂砂此是看砂秘授訣勿向局外把口誇但凡看地有玄微四面砂水要知隨切忌青龍砂擺尾最怕白虎把口開青龍走竄君須忌白虎斜飛總不宜玄武若還長吐舌定知殺却少年兒

看水口訣

之玄屈曲天關來玉帶纏腰包我懷之玄屈曲地戶去眠弓如虹作墳台鏗鏗金聲來盈耳悠悠停蓄集前排生旺流來墓絕去北辰羅星緊去總若還斜飛對面

射湍急悲鳴總不諸入堂反背及反跳此等惡如不須裁

看明堂訣

看地明堂不怕闊送還狹窄迴抱來元辰放水終是險穴內防砂緊射懷諸水流歸
明堂內此坟富貴莫疑猜左右送是都迫窄蔭出兒孫愚頑材

看大地總訣

廉貞起祖出脉分辭樓下殿要層層開帳中抽重起伏脫卸博換似蛇行腰膝過峽
扛挾護出帳入帳迎送凍倉庫旗鼓兩邊帶劍印誥軸左右存輔弼二山從高
聳金鑾中項結靈神窩鉗乳突羅紋樣盖粘倚撞認穴情蝦鬚蟹眼金魚水胎

氣巒巒正對壁龍虎兩邊身讓護砂水四面俱瀾坂明堂巒巒鑼鏡林流神屈
曲去來親官鬼禽樂四獸拱一案內低外高巒羅水口緊關閉城捍門華表把
城門北辰羅星塞水口恒局關鎖護穴心重重貴人聳案外天子王侯此處生

看真龍訣

真龍行動衆山隨開帳中抽起伏威團轉山砂如兵卒儼然大官一般推前呼後擁
左右侍遠朝近拱次第規衆小獨大若鸞飛峽峽兩邊緊夾輔重重迎送勢不
頹活活動動齊擁護班班整整好威儀走到穴前方住定水止三回四面限明
堂員淨水口密獅象捍門華表輝正如大人在衙府城內城外緊包圍比是看

龍真口訣三担六頭一貫為

催官云○○○龍穴局勢無虧失吉星到位官可必吉星或見有高低便以高下為消息○○○○○生向左走旺右走維墓不拘左右與直流八干之向如何吉結看干傍地支而已矣

胡矮仙云兩片三叉穴自然杖隨側枕是尖圓接迎放送看強弱個字之中玄又玄

神寶怪曰三分三合見穴土穴金之義兩片兩翼察相如印木之情乘金者乘毬簷金面之中矣相水者相水水之分別也穴土者穴取坦緩直上也印者是星溶穴必有貼穴護砂應証雖隱顯不同必曲直抱穴曲直者木也印者証也

辨穴訣

陽中有突血包情血若包精乾道成穴若參差不應脉血精不貫假交情陰
中有垣精包血造化無差坤道成眾脉陰陽俱要媾能明此理是仙人

倒杖之法以此為例

乘金。相水。坐土。印木。胡矮仙云。丙比三又穴目然。杖隨斜側枕尖圓。接逆放送強弱。當有飢減意。
看強弱。个字之中。玄又玄。中字有味有訣。

透山光。子山、有石灰土及鼠蛇。癸山、有刀斧及蜈蚣。丑山、有蜈蚣及鉄器。艮山、有麻石。下有二色土。寅山、有十字石及振石。甲山、有五色土及黃土。卯山、有生氣及器物土卵。乙山、有龜。及照鏡圓石。辰山、有硃砂及器物。巽山、有小蛇及白石。巳山、有板石及龜。午山、有鉄器物。丁山、有煤炭青石。未山、有圓石土卯黃土。坤山、有蜥蜴及黃色石。戌山、有土窟及石墩。申山、有黃石小蛇。庚山、有土卯及白石。酉山、有古器墩石。辛山、有壇石及白石。乾山、有五色石。亥山、有五色土及麻石。壬山、有鉄器皿及生氣物。

八山起應。乾甲山開地見痛脚人。老人戴笠來。或開鼓耳。內有五色石。

坤山開地見老人相罵黑牛相鬥女人牵牛離壬寅戌山開地見南方火發或人把火牵牛小兒赤身舌吽坎癸甲辰山開地有雲從西北起有人着黑衣來艮丙山開地有雷聲路邊逢担食人及貴人把傘來兌丁巳丑山開地有鍾鼓聲有着白衣來從西方來震庚亥未山開地有鼓雷聲有騎牛吹笛人來

掀擺反捲挺飛斜層摺刃峻側現花消索碎傘仰栖角傾瀉肘腿孤
曠蝦高強凹凸坑邑現埋漏岩攙鱔鮺單差寒髓碎冲直索射蓋鑽
低缺交劍嗟淋頭臨盆硬堆瓦生火推胎破腦殺鶵罹胥箕岩開火
瘦脊送退暗明查破木破金並破火破水破土破龍沙破堂破穴破玄竅
腦猴膀上細推查天地界度精看眼切忌毫厘莫亂養中元四數分踪
跡勿遇明師相猜嗟

二十 論馬牛六畜

八宮牛馬俱宜生氣方六畜坎宮宜辰巳方離宮宜辰巳方震宮宜壬癸方巽宮宜丙丁方乾宮

宜未申方坤宮宜寅丑方艮宮宜庚辛方兌宮宜未申方乂方位歌曰一德申宮宜養馬三台位上定豬方牛座奇羅馬上善羊蓬紫炁定高飛貪狼位上安雞鴨太陽六畜最為良虎豹狐狸最不詳更兼血忌大難當刀兵連及刀砧殺六畜全教見滅亡

馬牛六畜方位圖

照坐山起

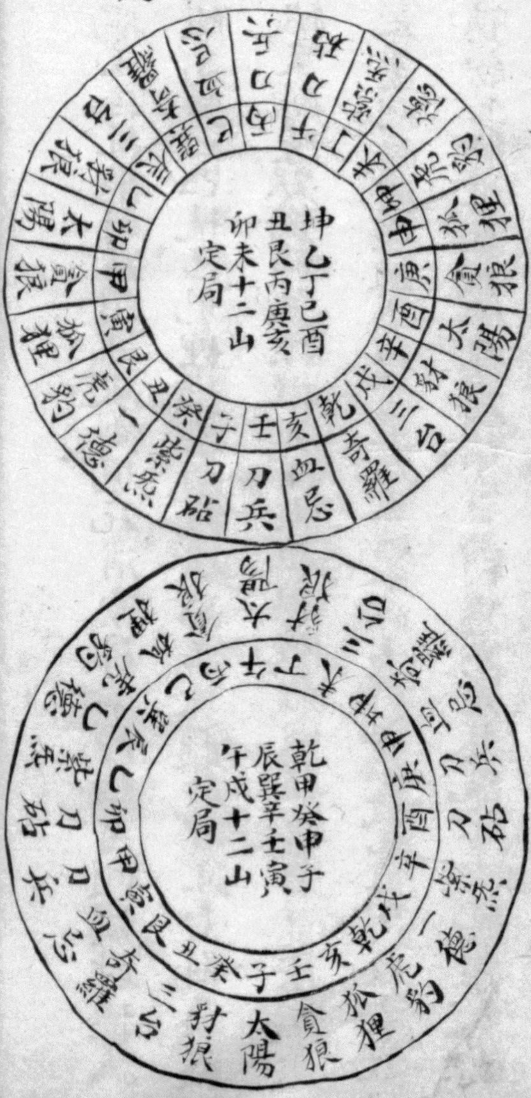

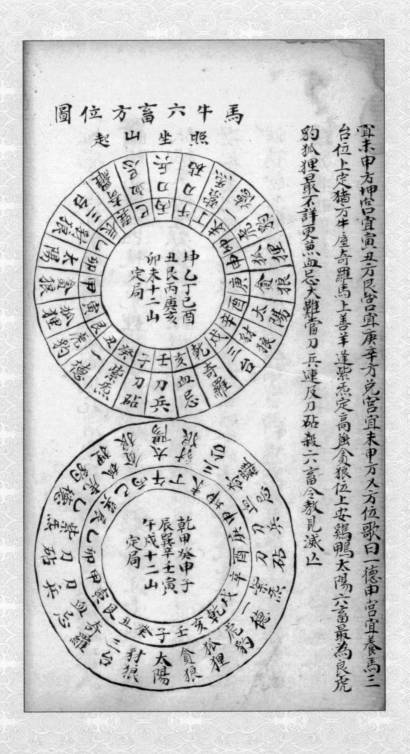

洛書配九星圖

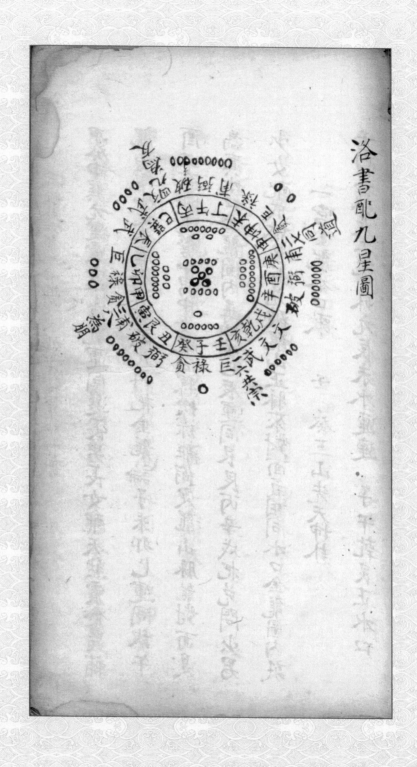

三般卦六龍配合雌雄交姤下卦挨星総括歌

甲癸申巽元運震寅丁庚乾運同巽辰男長女配天然震貪巽輔龍山定此是朱雀發源來識此再把金龍論子未卯巳運同坎午酉丑亥離運管中男中女配同緣坎祿離衙定龍山脉龍對面是為真水口金龍圖內尋坤壬乙辰運同艮艮丙辛戌把兑問少男少女配成婚艮巨兑破龍山正脉來對面氣相同水口金龍圖內訊

一宮金龍水口歌　壬子癸三山先天坤卦

壬丙丑戌是上元　外元辰未水連連　子午乾艮正水口

巽坤水口是下元　癸丁寅亥上元位　巳坤外元不須言

二宮金龍水口歌　未坤申三山先天巽卦

未丑上元丙與庚　壬申外元自相親　坤艮午酉上元水
子午下元水亦真　申寅下元居癸乙　上元水口是丁辛

三宮金龍水口歌　甲卯乙三山先天離卦

甲庚上元丑與戌　外元辰位自當局　卯酉上艮外坤方
借戌借辰為正路　乙辛寅申為正水　亥巳依然變成戌

四宮金龍水口歌　辰巽巳三山先天兑卦

辰戌本元在丙庚　甲壬外元水為真　巽乾子午正水口
下元水口借乙辛　巳亥乙癸外元水　本元水口在辛丁
六宮金龍水口歌　戌乾亥三山先天艮卦
戌辰上元在甲壬　丙庚外元仔細尋　乾巽子卯本元水
午酉外元要認明　亥巳乙癸本元水　丁辛外元信有靈
七宮金龍水口歌　庚酉辛三山先天坎卦
庚甲上元辰與未　丑戌元外自相配　酉卯在坤巽借辰
外艮乾借戌水位　辛乙上元申巳水　寅亥外元僅相對

八宮金龍水口歌　丑艮寅、三山先天震卦

未丑上元在壬申　丙辛外元須詳察　艮坤子午為相當

午酉外元水得法　寅甲乙癸為正水　外元丁辛隨消納

九宮金龍水口歌　丙午丁三山先天乾卦

丙壬外元在戌丑　辰未上元正水口　午子在巽、坤借未

外元在乾艮借巳　丁癸巳申寅借未　外元在亥寅借丑

總括歌曰

卯酉一同借辰戌　午丁共借丑未臨　巽、山獨借乙辛位　地山無借要

生成甲庚丙壬天干四旺辰戌丑未地支四庫取旺來歸庫乾坤艮巽、

王衛四生子午卯酉地支四旺取生旺交匯、乙辛丁癸天干四養寅申

巳亥地支四生取生養相得

起江東江西卦例

論先後天戌乾亥、壬子癸丑艮寅、甲卯乙為江東卦辰巽巳丙午丁

未坤申庚酉辛為江西卦江東九星起於西江西九星起於東江東一卦從

來吉八神四個一八神者乾坤艮巽子午卯酉四個者四大金龍水也一

者一卦也江西來龍點在坐喪八神四個二八神者甲庚丙壬辰戌丑未乙

辛丁癸寅申巳亥四個者四大金龍水口也二者兼二卦也

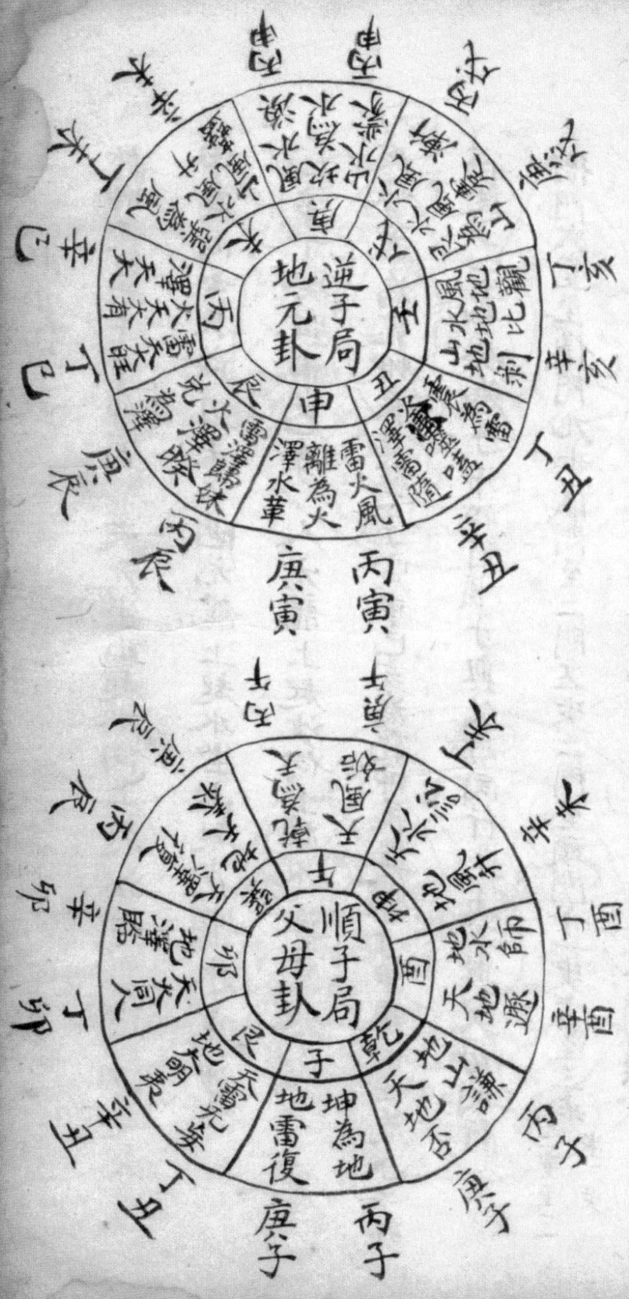

收山出殺

乾坤艮巽子午卯酉　天元坐山起水向上起沙逆水順沙

甲庚丙壬辰戌丑未　地元龍上起水坐山起沙順水逆沙

乙辛丁癸寅申巳亥　人元龍上起沙向上起水沙逆水順

辰戌丑未為乾坤艮巽逆子寅申巳亥為乾坤艮巽順子甲庚丙壬為子午卯酉逆子乙辛丁癸為子午卯酉順子與父母同行逆子不與父母同行

衙門大堂至儀門九步儀門至二門五步二門至頭門十一步大堂三步（二堂至三堂三步）

寺院山門論坐不論向　四川資陽韓乙真廖東成傳撰

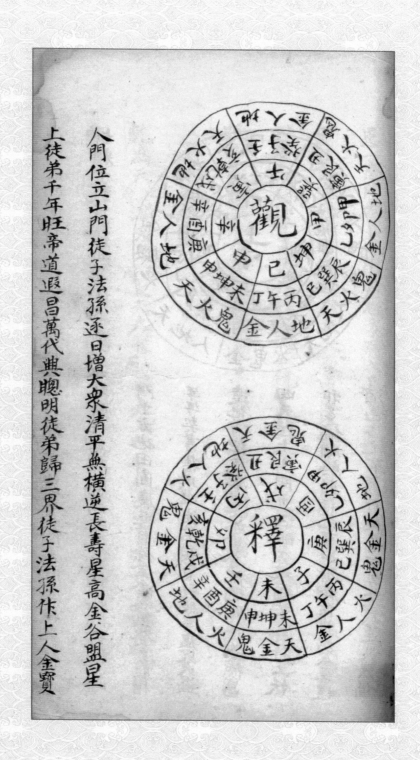

入門位立山門徒子法孫逐日增大衆清平無横逆長壽星高金谷盟星

上徒弟千年旺帝道遐昌萬代興聰明徒弟歸三界徒子法孫作上人金寶

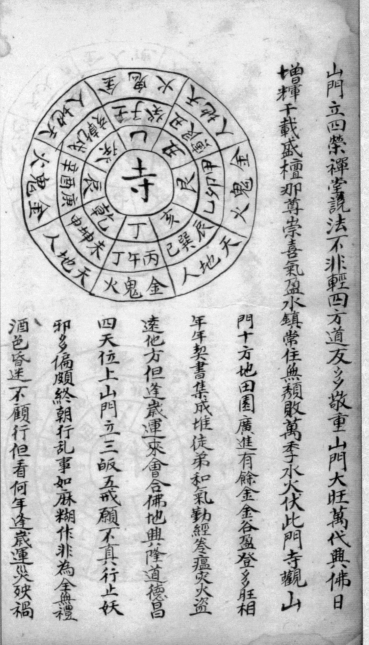

山門立四營禪堂說法不非輕四方道友多敬重山門大旺萬代興佛日
增輝千載盛檀那尊崇喜氣盈水鎮常住無頹敗萬季水火伏此門寺觀山

門十方地田園廣進有餘金金谷盈登多旺相
年年契書集成堆徒弟和氣勤經卷瘟災火盜
遠他方但逢歲運來會合佛地興隆道德昌
四天位上山門立三皈五戒願不真行止妖
邪多偏頗終朝行亂事如麻糊作非為全無禮
酒色昏迷不顧行但看何年逢歲運災殃禍

患一齊臨若見鬼門破鬼方病人日日不離床年年徒弟多勞病癖足瘋疾

實可傷官灾横事年年來水火牽連敗墕道更有冤懲鬼怪事雲紛紛入禪堂

四方之火門戶高飛天紅火定不饒官灾血疾人多病葯毒殺僧不用刀更主

眼目多瘟火人人遭難莫能逃主人顛狂無禮義白日無根天火燒

卦氣歌

乾為天在午澤天夬在丙火天大有丙雷天大壯丙風天小畜巳水天需巳山天

大畜巳地天泰巽天澤履巽兌為澤辰火澤睽辰雷澤歸妹辰風澤中

孚乙水澤節乙山澤損乙地澤臨卯天火同人卯澤火革甲離為火甲雷火

風甲風火家人寅水火既濟寅山火賁寅地火明夷艮天雷无妄艮澤雷
隨丑火雷噬嗑丑震為雷丑風雷益癸水雷屯癸山雷頤癸地雷復子天
風姤午澤風大過丁雷風恆丁火風鼎丁巽為風未水風井未山風蠱未
地風升坤天水訟坤澤水困申火水未濟申雷水解申風水渙庚坎為水
庚山水蒙庚地水師酉天山遯酉澤山咸酉水山旅辛雷山小過辛風
山漸戌艮為山戌地山謙乾天地否乾澤地萃亥火地晉亥雷地豫
亥風地觀壬水地比壬山地剝坤坤為地子水山蹇子

玄空妙旨

挨星玄空大卦奥妙幽微總在先天後天並行不悖取其一六共宗二七同道三八為朋四九為友五十同途如元運天一當令為正神即取地六之正神以助之地六當令為正神即取天一之正神以助之又取洛書方位一所對之九六所對之四之零神是為一六共宗地二當令為正神即取天七之正神以助之天七當令為正神即取地二之正神以助之又取洛書方位二所對之八七所對之三為零神是為二七同道天三當令為正神即取地八之正神以助之地八當令為正神即取天三之正神以助之又取洛書方位三所對之七八所對之

二為零神是為三八為朋地四當令為正神即取天九之正神以助之天九當令為正神即取地四之正神以助之又洛書方位四所對之六九所對之一為零神是為四九為友惟天五生土地十成之在中宮為皇極而寄旺於四方為樞紐而維繫乎八氣但河圖有理氣而無方位有體質而無運用至於洛書之數以一九合十二八合十三七合十四六合十地居四隅天居四正一生一成相為交媾經國之九疇由此生造宅之九宮由此配用法之九星由此挨也蓋天一生水故坎為上元首運宜用南離天九之金之水又地六成之故西北乾六即為照神地二生火故坤為上元中運宜取東北艮地八之六之一水又天七

成之故西兑七即為照神天三生木故震為上元末運宜取西兑天七之火之水又地八成之故東北艮八即為照神地四生金故巽為中元運首宜取西北乾六之金之水又天九成之故南離九即為照神五十為中是寄旺也不推論地六成之故乾為中元末運宜取東南巽地四之金之水又天一生水故坎北方一即為照神天七成之故兑為下元首運宜取東震天三之木之水又地二生火故西南坤二即為照神地八成之故艮為下元中運宜取西南坤二之火之水天三生木故東震三即為照神天九成之故為下元末運宜取北坎天一之水之木又地四生金故東南巽四即為照神此中含天定位山澤通氣雷風

相薄火水不相射之妙即所謂催官也八卦乾陽金兌陰金震陽木坤陰土艮陽土坎陽水離陰火兌當七赤時以火論此諸家所同而玄空之陰陽不然故有三般兩片先天之巽後天之坤先天之坤後天之坎先天之坎後天之兌先天之兌後天之巽故云一家先天之乾後天之離先天之離後天之震先天之震後天之艮先天之艮後天之乾故云一家東一片之山收西一片之水西一片之山收東一片之水可許人財倘合催官雙全富貴東片出脉落穴歸東西片出脉落穴歸西有一定不移之法反此出卦大凶此與三要書游年東西不同即本章之四卦在山上四卦在水東表亦不同八卦之用兼查乾父坤母震長

男坎中男艮少男巽長女離中女兌少女並沓乾首坤腹震足巽股離目坎耳艮手兌口之類但各卦各有陰陽之分總以相生吉相剋凶比和為旺吉務以要審元運一白為旺二三四為生屬為主統運水為我四方之星來生中宮生曰生尅曰尅中宮星去生四方為退為洩如上元見八九之星前二十年之旺氣也甲子二十年一白之旺運甲申二十年二黑之旺運也甲辰二十年三碧之旺運也一二三之元運如此由此推之九宮共管一白八十年終而復始於內亦分兩片一二三管上元及中前半九十年六七八管中及後半下元九十年凡宅以坐山為體中宮為用二十四山各有山各有向有中宮立宅安門配

水時化九為八順逆以求一六共宗尊吉現旺之宅以九還九有順無逆以查流年共宗等如一白之山定要六白之水方能交姤或九紫到七赤可是催官催貴之法如坐坤山須兌水方為二七同道坐震卦三碧方須求三白乃為三八為朋九紫二黑七赤八白三碧等却非洛書一定之方位乃坐上由玄空飛來之九星挨星掌上也如巽卦取四九為友鮮不謂其出卦者豈知巽之玄空以六白入宮中九紫到坤非四九乎彼不知玄空之妙者以出卦為不出卦不出卦為出卦殊屬昧昧學者細心揣摩自然得心應手百發百中後學與先賢一般作用自為人決富貴人丁如掾左券耳

人丁固關係夫陰尤緊切於陽宅地戶塞礙胎不能受生方破陷孕亦中陽宅基形

催丁本九疇

台形門戶氣惑氣不犯三十二絕穴恐犯二十一絕山不犯二十絕山最嫌八卦相尅制震長男屬木坎中男屬水艮少男屬土金尅震絕長土尅坎絕中木尅艮絕少古聖賢製卦之理誰能出範圍哉然則如何補救可以挹回造化也長受尅坎震資濟中受尅兌乾生扶少受尅離艮培植巽疇男女宮分各有陰陽陽命納陽氣陰命納陰氣凡命在一九三四宮者不可犯西四卦命在二八六七不可犯東四卦恐陰差陽錯不逢生旺禍實難免嗟呼不孝有三無後為

大何如查其方向之乖逆而為一移以順天秏取七政恩用照命度催可也未
宮起甲丑辰戌三宮在戌皆順續壬宮逆戌丙宮辰庚申俱從庚位伏申寅亥
宮皆巳巳宮逆癸均如是辛在乙乙宮在申癸宮在亥丁在巳午宮逆子乾順
巽酉宮逆巳艮午順卯宮逆巳坤順午子要巽乾從逆順子午卯酉是山龍坐
對乾坤艮巽宮不依八卦陰陽取陰陽差錯必要窮

安床門立主生子

修方催丁猶治種樹無非取生旺之氣也如乾隆辛酉歲七赤值年八白在乾太陽
在戌一白陽令在寅月白併臨床門合吉一年外生男壬戌六白值年八白在

兑九紫在艮月白併臨床門合吉一年外生男八白值年安床於一白兑一年外生男二黑值年八白在坤太陽天喜在未坤月白加臨九紫到宫一年外生男一白在巽九紫在震安床門三年生男其妙用必兼天星查其仇難恩用更妙選天嗣天喜紅鸞諸星到命度而太陽為要緊之要緊白星合太陽必生貴子無疑或床在白方門在白星或床門並在白方兩白加臨三白同宫絕無或疑更得太陽同臨白方　吉更十分如乾隆辛酉天喜在坎太陽在戌寅午戌三方合照咸吉午方安床戌方開門戌方安床午方開門但立受孕但必推夫婦七政纏度

起紅鸞天喜法

每以子年卯上起紅鸞酉起天喜丑年寅上起紅鸞申上起天德一年一位次第数太陽三白同宮定主弄璋蓋太陽即歲君之首太陽修方催丁催富貴最效必須求陰陽配合一妙如神乙亥命甲子十二修丑方月建丁丑入宮中調庚辰到艮丑子與丑合季丑土當令庚辰天德月德到艮艮為先天之震震納庚為納得艮宮為仁德為貴德庚臨貴人艮寅宮分又是一歲命催官謂之歲命諸吉星會貴德當權乙亥以月建並丑為福星貴人天嗣星生氣天富吉星初回動用次年春遇貴扶取登第選晉發財至丑年丑日生貴命男子後居大矣

臥房吉凶

臥房關夫婦之休咎氣口蔭女之榮枯坐煞方回生氣床值人道無災門迎白星多福房門濶大氣散不吉門西方正合法陰勝生女散亂風吹胎寒而不孕育太歲本命之方胎孕不安太歲行走嫌動懷孕換門遺胎胎漏崩之陽從生入剋生易長門窗貫生氣到床一年一胎作床之木不用多節更逢單吉雙凶

六十年太陽修方生子法

甲子年先修丑方以中宮報之安床受孕巳酉丑三方丑金酉次之巳方母多孕而不育毋命正四七八十二月叶吉生男別月生女中宮大利故修戌辰帝天日

不用辰巽巳子申離皆凶方乙丑先修太陽寅方後以巳方報之安床寅午戌三方戌全吉寅午次之正二五七十月叶生男别月生女巳卯都天忌用癸丑卯乙巳皆凶方矣

陰宅收水法

山為夫婦定穴立向收水法來去水法為重去水為水口城門與坐配合以先天之夫配後天之婦但屬多子皆老若後天之夫配先天之婦少生男而多女須明此理天地人三元天元出脉過峽立天元向收天元水撥天元砂地人元做此各收各元稍有差錯則男子重婚女子塡房在所秘旨中言三般言体用最要

慎察在此作用一卦三山假如乾山一局見坤水為後天夫婦須要老陰老陽
却一出卦要離震之水為正配則大富大貴有秘訣坎山一局見坤水為正配
倘見艮震則大敗以其出卦矣

元空圖　蓮池心法

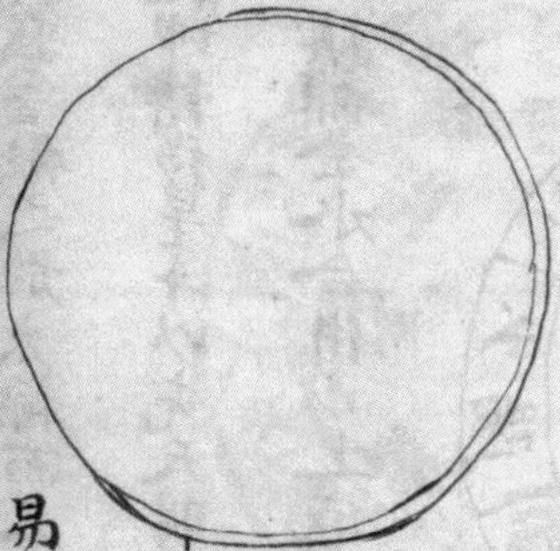

河洛兩圖。先後二天。皆括其中。
理氣象數無囘不備故不另。

易之為書也冠六經而元空之圖傳於方外儒者罕能通

其義竊嘗擬之於太極而太極不足以盡之蓋太極明其理而玄空則致其用也顛倒乾坤轉移星斗以先天明理氣而不用先天以後天正方位而不用後天在丹家取坎填離金水合併以之成真不難況地學乎哉此所以變動不居而精義自在不可思議也故曰元空

楊公雌雄圖

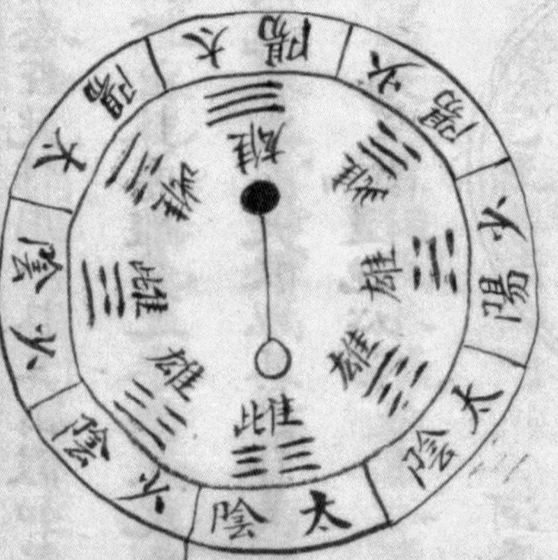

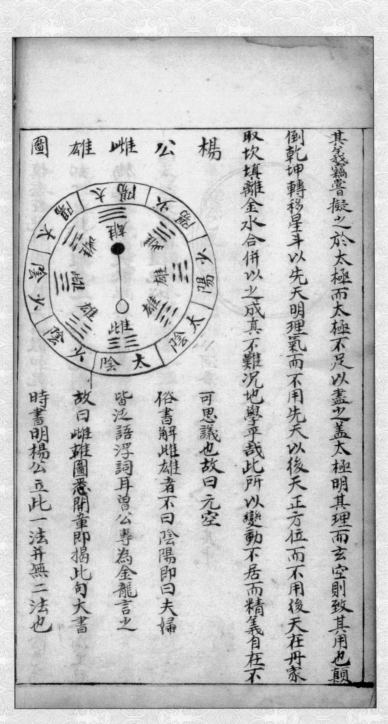

俗書解雌雄者不曰陰陽即曰夫婦皆泛語浮詞耳曾公專為金龍言之故曰雌雄圖悉開章即揭此句大書時書明楊公立此一法并無二法也

雌雄交媾圖

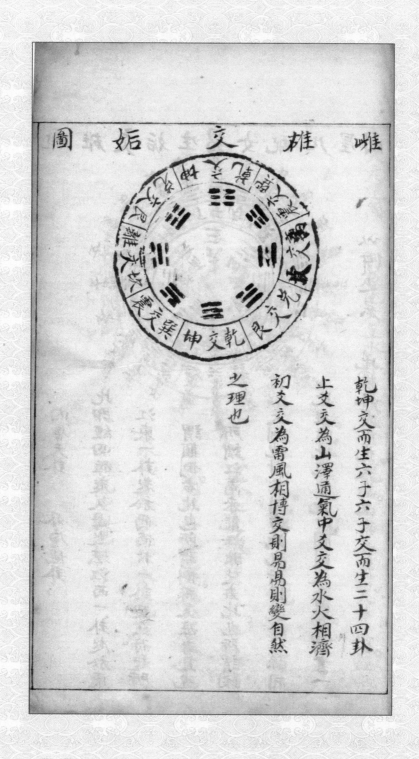

乾坤交而生六子六子交而生二十四卦上爻交為山澤通氣中爻交為水火相濟初爻交為雷風相博交則易易則變自然之理也

雌雄交姤生男女配九星圖

內層天卦　外層地卦

此即經四位起父母之法江西一卦起於東江東一卦起於西南北一卦交互而起所謂顛倒者此也所謂倒排父母者此也所謂江南來龍江北望者此也所謂翻天倒地對不同者此也所謂子母公孫同此推者此也了此一圖則天玉寶照諸書一以貫之矣

此圖九星以先天為主

先天元運圖

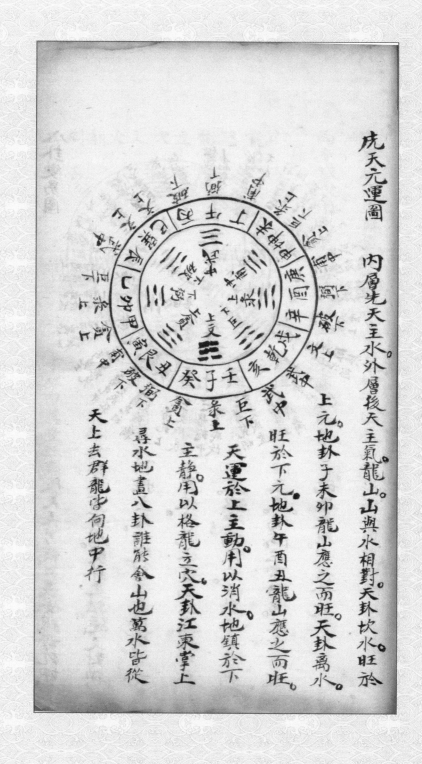

内層先天主水。外層後天主氣。龍山。山與水相對。天卦坎水。旺於上元。地卦子未卯龍山應之而旺。天卦离水。旺於下元。地卦午酉丑龍山應之而旺。天運於上主動。用以消水。地鎮於下主靜。用以格龍立穴。天卦江東掌上尋水地畫八卦誰能會山也萬水皆從天上去群龍當向地中行

八卦變易圖

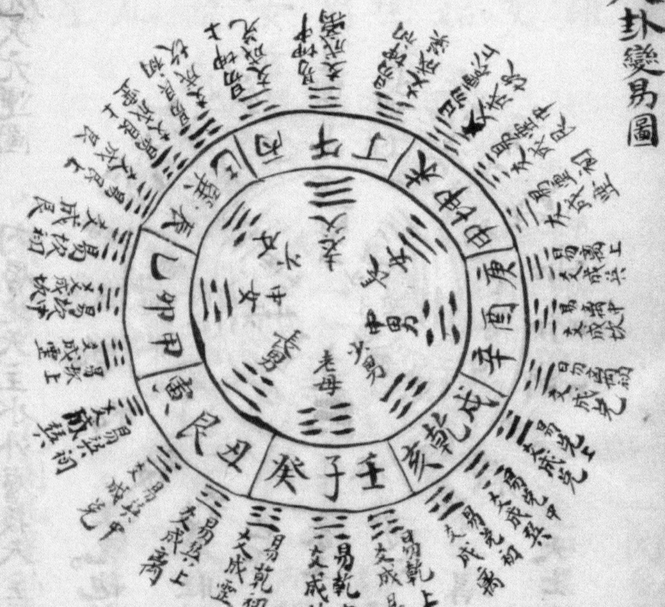

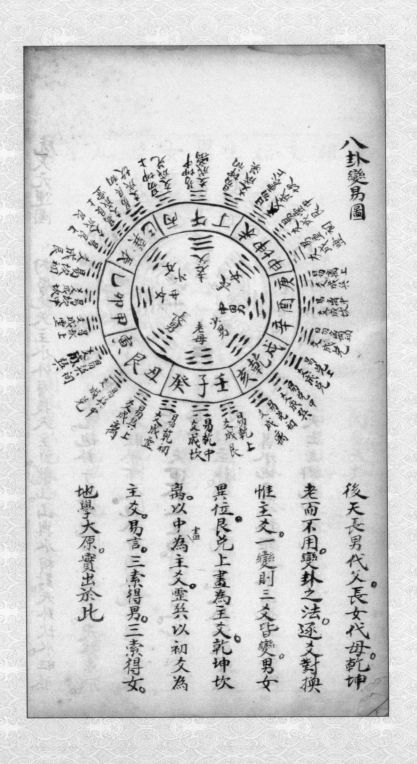

後天長男代父。長女代母。乾坤老而不用。變卦之法。逐爻對換。惟主爻一變則三爻皆變男女。巽位艮兌上畫為主爻。乾坤坎離以中畫為主爻。震巽以初爻為主爻。易言。三索得男。三索得女。地學大原。實出於此

朱雀發源生旺氣。脉來對面是真龍。坤壬乙辰山。用艮丙辛戌龍。坤壬乙辰龍。立艮丙辛戌穴。用少男少女夫婦。正配子字出脉子字尋。莫教差錯丑與壬甲癸申巽辰貪位。寅丁庚乾輔配成。午酉丑亥中女獨。子卯未巳坎祿存。艮丙辛戌破少女。坤壬乙辰艮巨門。六四龍山顛倒配。朱雀發源對面尋。六四龍來號六龍。脉來對面不相逢。

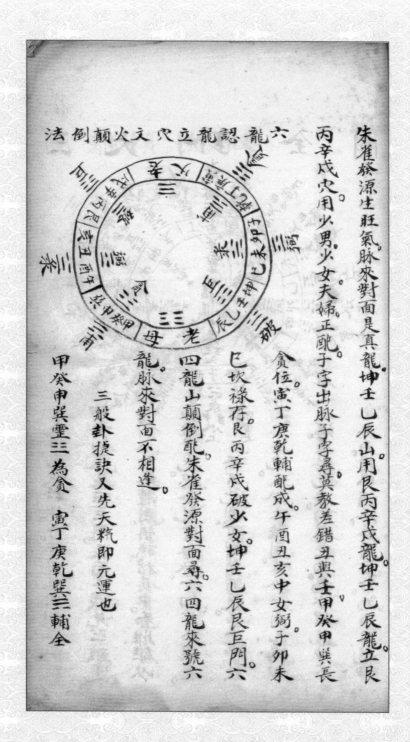

六龍認龍立穴文火顛倒法

三般卦捷訣又先天粹即元運也

甲癸申巽霊三為貪　寅丁庚乾巽三輔全

三大卦全圖

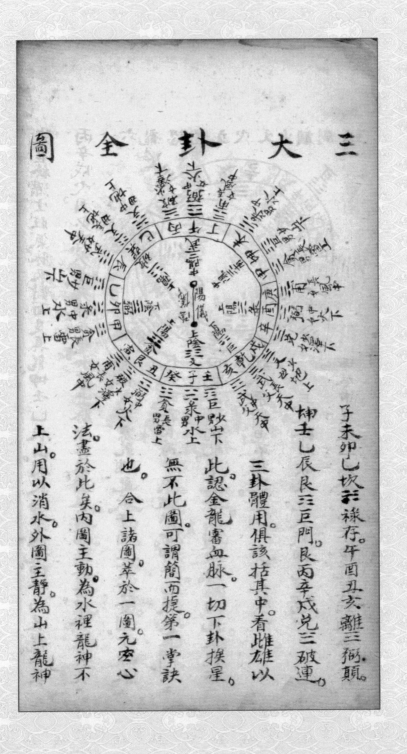

子未卯乙坎☷祿存。午酉丑亥離三獨顛。
坤壬乙辰艮☷巨門。艮丙辛戌兌三破運。
三卦體用。俱該括其中。看雌雄以
此認金龍審血脈。一切下卦挨星。
無不此圖。可謂簡而提第一掌訣
也。合上諸圖。萃於一圖。元空心
法。盡於此矣。內圖主動。為水裡龍神不
上山。用以消水。外圖主靜。為山上龍神

不下水用以共龍收汲江東先天天一生水先天乾卦江西後天地六成之後天坤卦六四龍山歸八仙八仙水龍不上山山上龍神不下水顛倒先天與後天

取他坎裏心中實點他離宮腹內虛此丹訣也地理金龍實出於此蓋变卦之法三陰脫盡变為純乾乾稱為金龍猶練丹者分陰化盡轉為純陽謂之金丹也

取坎填離圖

金龍水口

水口隨金龍而变凡金龍動處其山即乾

向上即坤當元之局以兌巽為水口不當元之局以震艮為水口查本山先天卦变為乾係屬何宮八卦皆依其所变之爻而変看兌巽二卦所在即為本元水口卦屬初爻即在初爻卦屬二爻即在二爻卦屬三爻即在三爻外元震艮水口同例水口一卦而分兩局左水來為順局則用兌兌反則為巽故右水來為逆局則用巽也出元則用震為順局震反則為艮故逆局用艮也四正之兌皆在右四維之兌皆在左

金龍水口總圖

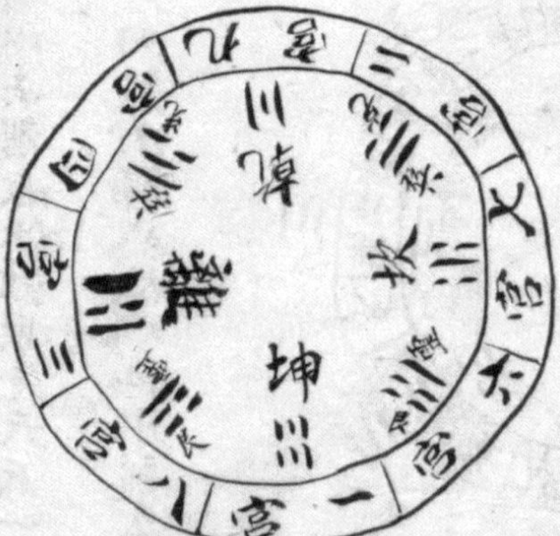

先天坤卦後天坎卦壬子癸左右水出巽兌順逆排一九宮

運在一宮先天坤卦三爻皆变而為乾以各宮三爻皆变例之則兌在六宮巽在八宮為本元水口凡龍運現在及同元將至已至而旺氣未盡者皆同惟四六兩宮不在此例至於山運已過下元兌巽亦已不旺則惟尋生機之一不息而以來時來復者用之靈艮之一陽乍動者是已

一宮金龍水口

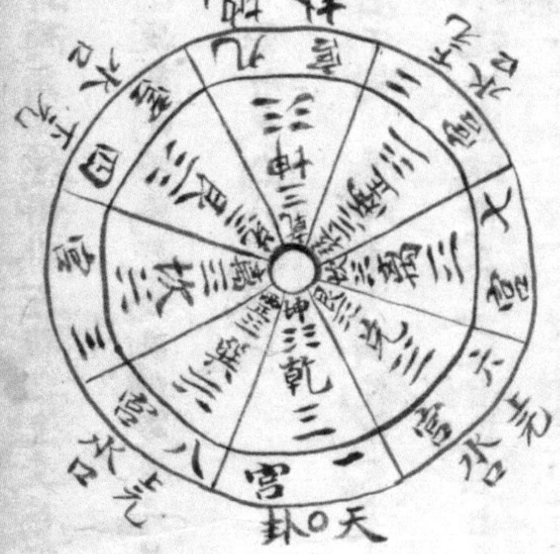

壬山丙向　屬坤卦左旋之上爻易乾之上爻變為艮星是巨門龍來丙用破軍金運動則壬為乾丙為坤查本元兌上爻出戌巽上爻出丑為本元水口艮出辰霊出未為外元水口

子山午向　屬坤中爻易乾中爻變為坎星是祿存龍來午用右弼金運動則子為乾午為坤查本元兌出乾巽出艮為正水口艮出巽霊出坤為下元水口

癸山丁向　屬坤左旋之初爻易乾初爻變為霊星是貪狼龍來丁用左甫金運動則癸即乾丁即坤查本元兌之初爻在亥巽之初爻在寅為正水口艮出巳霊出申為外元水口

先天巽卦後天坤卦未坤申右左水出巽兌逆順排二八宮

二宮金龍水口圖

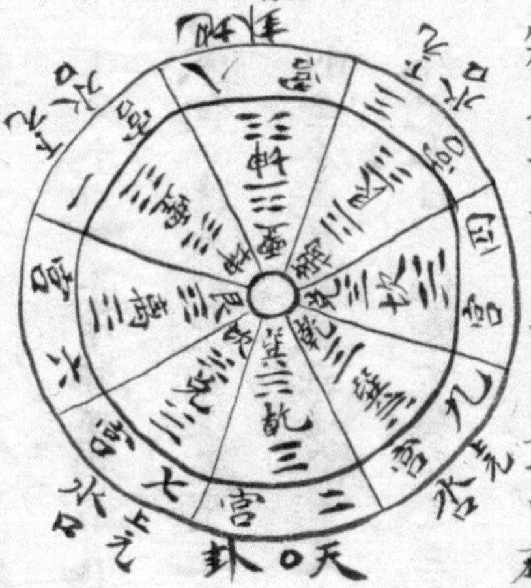

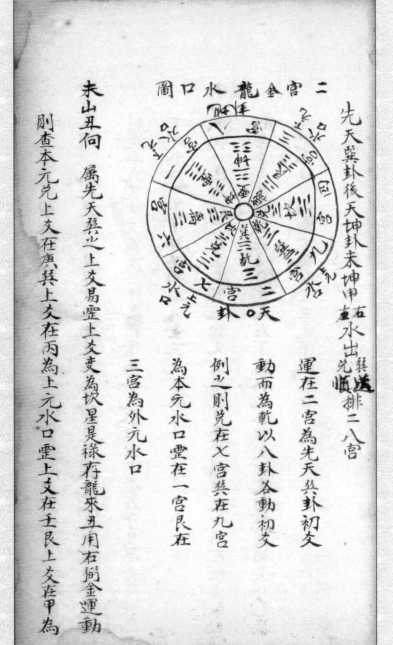

運在二宮為先天巽卦初爻
動而為乾以八卦各動初爻
例之則兌在七宮巽在九宮
為本元水口震在一宮艮在
三宮為外元水口

未山丑向　屬先天巽之上爻易震上爻變為坎星是祿存龍來丑用右衛金運動
則查本元兌上爻在庚巽上爻在丙為上元水口震上爻在壬艮上爻在甲為

外元水口　甲庚丙壬四水俱全三元不敗

坤山艮向　先天巽之中爻易震之中爻变為艮星是巨門龍來艮用破軍金運動

則查本元兑中爻在酉巽中爻在午為本元水口震中爻在子艮中爻在卯為

下元水口　子午卯酉四水俱全三元不敗

申山寅向　先天巽之初爻易震之初爻变為震星是貪狼龍來寅用左輔金能動

則查本元兑初爻在辛巽初爻在丁為本元水口震初爻在癸艮初爻在乙為

外元水口　乙辛丁癸皆全三元不敗

三宮金龍水口

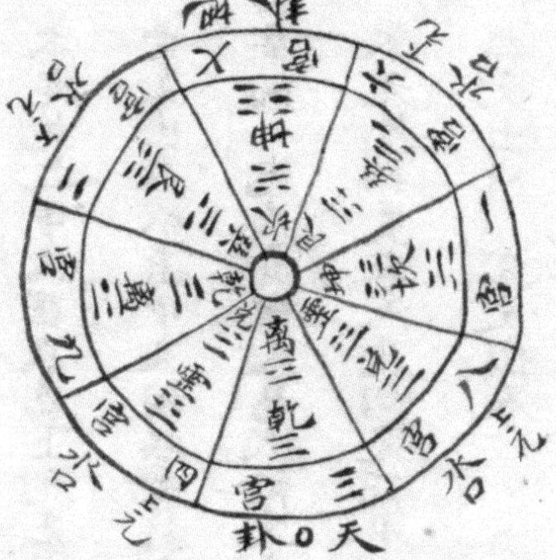

先天離卦後天靈卦甲卯乙右左水出先逆靈順排三七宮

運在三宮先天離卦中爻動

而為乾以八卦各動中爻例

之則兌在八宮巽在六宮為

上元水口靈在四宮艮在二

宮為下元水口

甲山庚向　先天離上爻易坎上爻变為靈星是貪狼龍來庚用左甬金運動則查

本元兌上爻在丑巽上爻在戌為當元水口靈土爻在辰艮上爻在未為外元

水口　辰戌丑未水皆全為四庫齊開三元不敗

卯山酉向　先天離中爻易坎中爻变為坎星是祿存龍來酉用右弼金龍動則查

本元兌之中爻在艮為上元正水口艮之中爻在坤為外元正水口　巽变出戌

霊变出辰坎離中爻均無霊巽中爻正出之水口

乙山辛向　先天離初爻易坎初爻变為艮星是巨門龍來辛用破軍金龍動則查

本元兌初爻在寅艮初爻在申為正水口　巽初爻出亥霊初爻出巳

巽变出戌　霊变出辰

先天兌卦後天巽卦辰巽巳右左水出霊逆兌順排四六宮

運在四宮為先天兌卦上爻
動而為乾以八卦各变上爻
例之則兌在九宮巽在七宮
為本元水口霊在三宮艮在
一宮為外元水口

四宮金龍水口

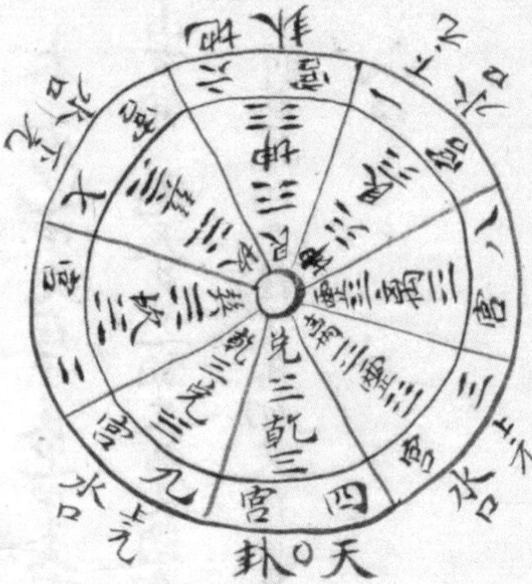

辰山戌向　先天兌上爻易艮上爻变為艮星是巨門龍來戌為破軍金龍動則查

本元兌之上爻在丙巽之上爻在庚為本元水口霊上爻在甲艮上爻在壬為

外元水口

巽山乾向　先天兌中爻易艮中爻變為震星是貪狼龍來乾為左甫金龍動則查本元兌之中爻在午艮之中爻在子為本元水口　震借乙巽借辛為水口

巳山亥向　先天兌之初爻易艮初爻變為坎星是祿存龍自亥來為右弼金龍動則查兌初爻在丁巽初爻在辛為本元水口　震初爻在乙艮初爻在癸為外元水口

六宮金龍水口

先天艮卦後天乾卦戌乾亥右左水出壬逆兌順排四六宮

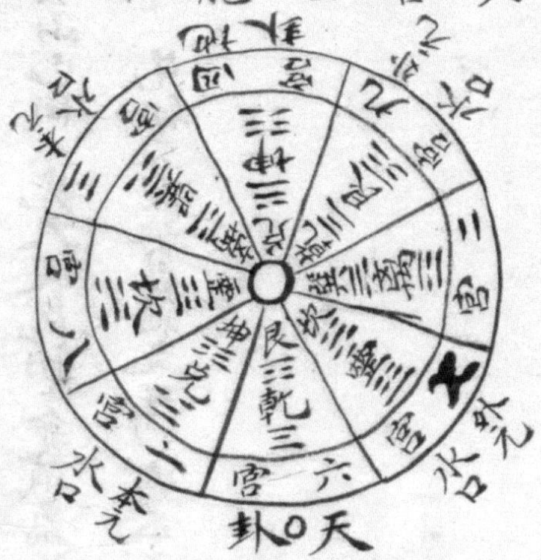

運在六宮先天艮初二兩爻動而為乾以八卦各變兩爻例之則兌在一宮巽在三宮為本元水口壬在七宮艮在九宮為外元水口

戌山辰向　先天艮兌主爻變而為艮是巨門龍來戌為破軍金龍動則查本元兌上爻在壬巽上爻在甲為本元水口壬上爻在庚艮上爻在丙為外元水口

乾山巽向　先天艮兌中爻變而成巽星是左甫龍來霊用貪狼金龍動則查本元

兌申爻在子巽中爻在卯為本元水口艮在午霊在酉為外元水口

亥山巳向　先天艮兌初爻變成离星是右弼龍來坎用祿存金龍動則查本元

兌初爻在癸巽初爻在乙為本元水口艮在丁霊在辛為外元水口

先天坎卦後天兌卦庚酉辛左右水出則逆壬順排三七宮

七宮金龍水口

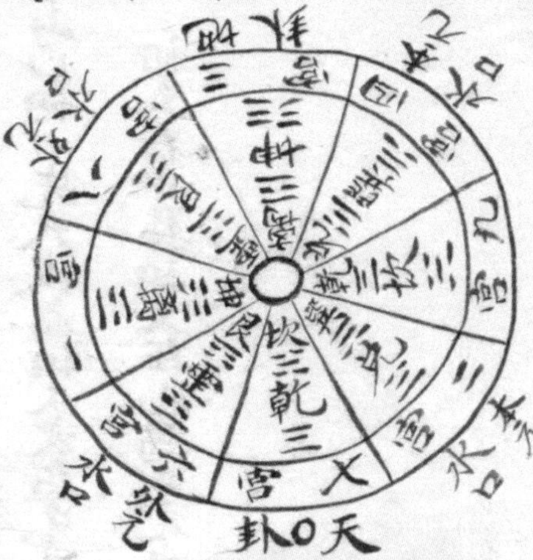

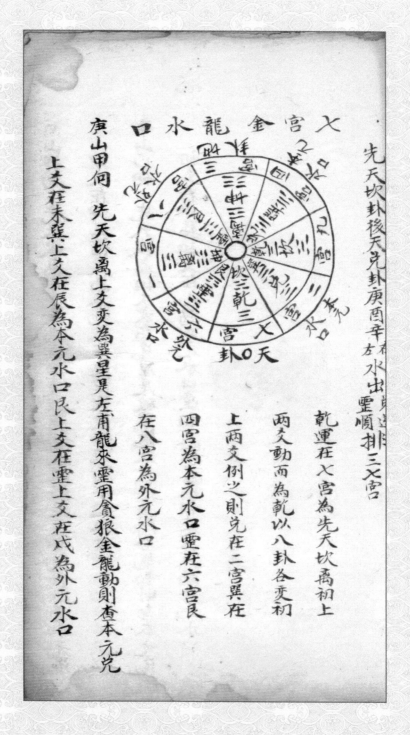

乾運在七宮為先天坎离初上兩爻動而為乾以八卦各变初上兩爻例之則兌在二宮巽在四宮為本元水口壬在六宮艮在八宮為外元水口

庚山甲向　先天坎离上爻变為巽星是左甫龍來壬用貪狼金龍動則查本元兌上爻在未巽上爻在辰為本元水口艮上爻在壬上爻在戌為外元水口

酉山卯向　先天坎離中爻變為離星是右弼龍來坎為祿存金龍動則查本元兌
中爻在坤巽借辰為本元水口艮在艮壬借戌為外元水口

辛山乙向　先天坎離初爻變為兌星是破軍龍來艮為巨門金龍動則查本元兌
初爻在申巽初爻在乙為本元水口壬初爻在亥艮初爻在寅為外元水口

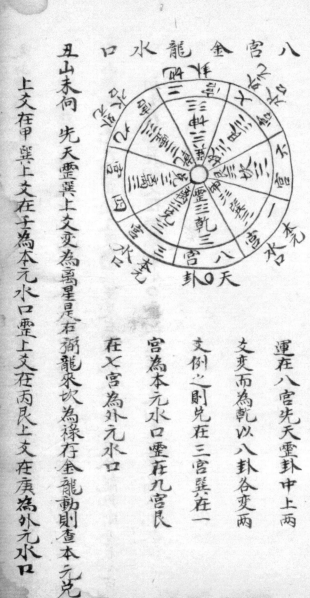

先天靈卦後天艮卦丑艮寅右左水出巽逆兌順排二八宮

八宮金龍水口

運在八宮先天靈卦中上兩爻變而為乾以八卦各變兩爻例之則兌在三宮巽在一宮為本元水口靈在九宮艮在七宮為外元水口

丑山未向　先天靈巽上爻变為離星是右弼龍來坎為祿存金龍動則查本元兌上爻在甲巽上爻在壬為本元水口靈上爻在丙艮上爻在庚為外元水口

艮山坤向　先天霊巽中爻变為兑星是破軍龍來艮為巨門金龍動則查本元兑中爻在卯巽中爻在子為本元水口霊中爻在午艮中爻在酉為外元水口

寅山申向　先天霊巽初爻变為巽星是左輔龍來霊為貪狼金龍動則查本元兑初爻在乙巽初爻在癸為本元水口霊初爻在丁艮初爻在辛為外元水口

先天乾卦後天离卦丙午丁左右水出兑逆巽順排一九宮

九宮金龍水口

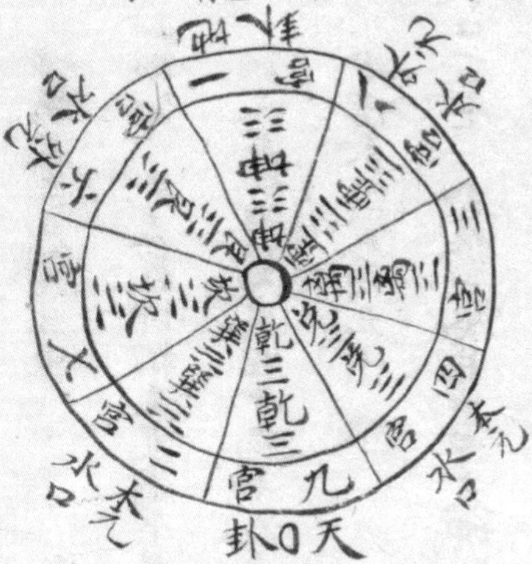

運在九宮即先天乾卦歷七宮而復為純乾以八卦照先天乾一兑二例之則兑在四巽在二為本元水口艮在六震在八為外元水口

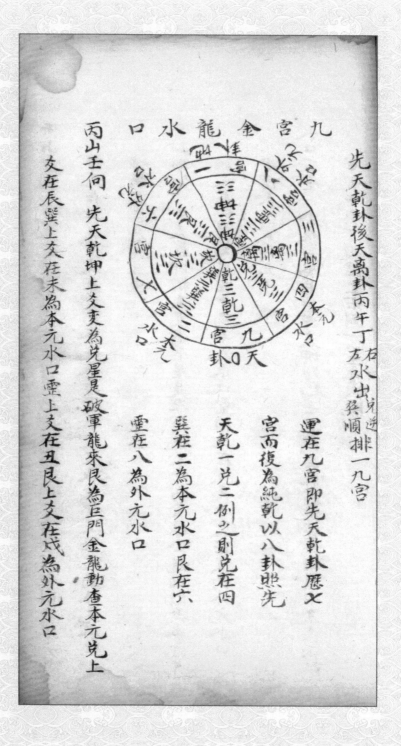

丙山壬向　先天乾坤上爻変為兑星是破軍能來艮為巨門金龍動查本元兑上爻在辰巽上爻在未為本元水口震上爻在丑艮上爻在戌為外元水口

午山子向　先天乾坤中爻变為离星是右弼龍來坎用祿存金龍動則查本元兌

中爻在巽巽中爻在坤為本元水口霊中爻在艮艮中爻在乾為外元水口

坤借未出艮借丑出

丁山癸向　先天乾坤初爻变為巽星是左輔龍來霊為貪狼金龍動則查本元兌

初爻在巳巽初爻在中為本元水口霊初爻在寅艮中爻在亥為外元水口

申借未出寅借丑出

水口五星　貪狼子癸并甲申未坤卯乙壬巨門巽乾六位守武曲酉申丑艮丙破

軍寅午庚丁四位上右弼一星疊次臨古訣

水口定卦五星圖

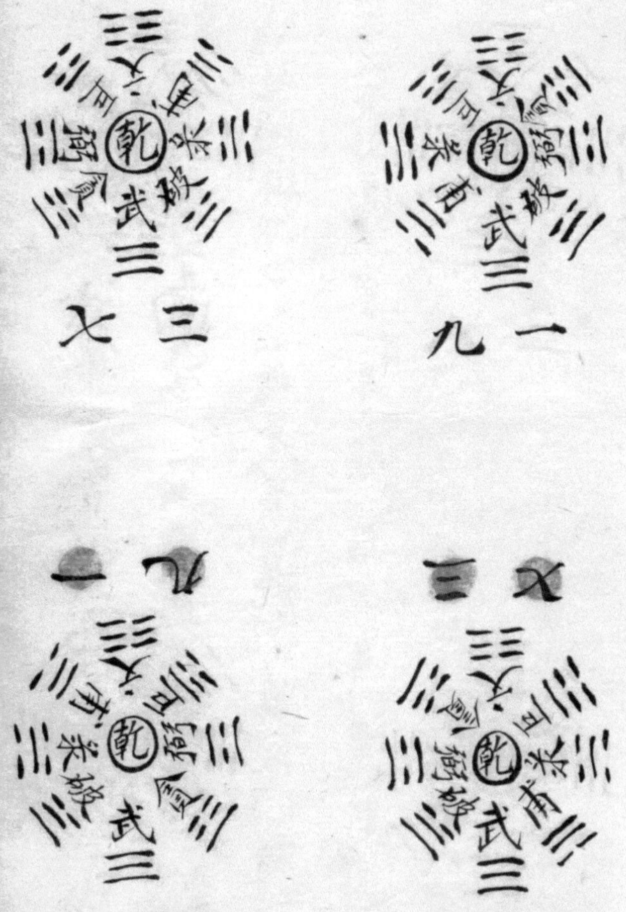

六 四

七 三

八 二

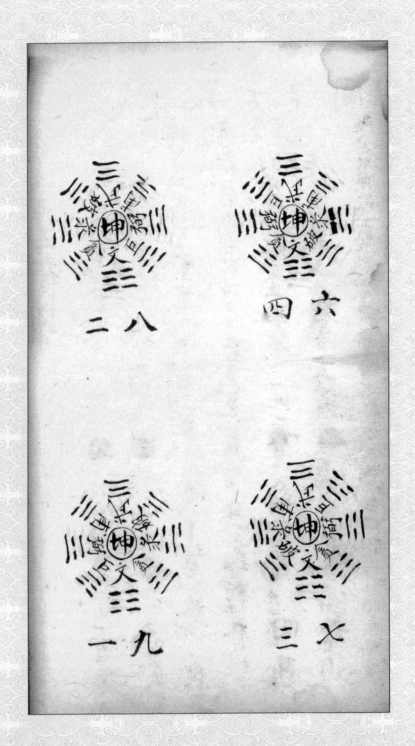

九 一

九星大五行

挨星大交姤圖　離九貪　艮八巨　兑七祿　乾六文　巽四武　震三破　坤二甫　坎一弼　從

离九起貪倒排九宮　离九弼　艮八甫　兑七破　乾六武　巽四文　震三祿　坤二巨　坎一貪

以上之圖貪移入坎從坎一起貪上行九宮　一九二八三七四六互翻　此先天對待之數　陽

入陰陰入陽名大交姤挨星之本源也僞法不能知此所以有山龍坐山

起貪平洋向上起貪之說又有當元有水無水翻法不當元有水無水翻

法而其所謂陰陽順逆有隨羅經左右轉之或用飛宮顛倒輪之此皆未夢見挨星者也

九宮九星圖

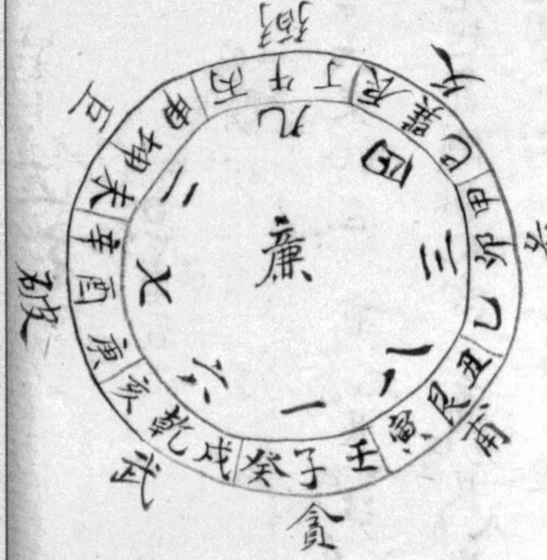

此九星以後天為用

九宮本於洛書九星出於北斗以九星布九宮而理氣之用神焉

楊公察峦頭以此審理氣亦以此全體大用一圖括之矣

中五立極圖

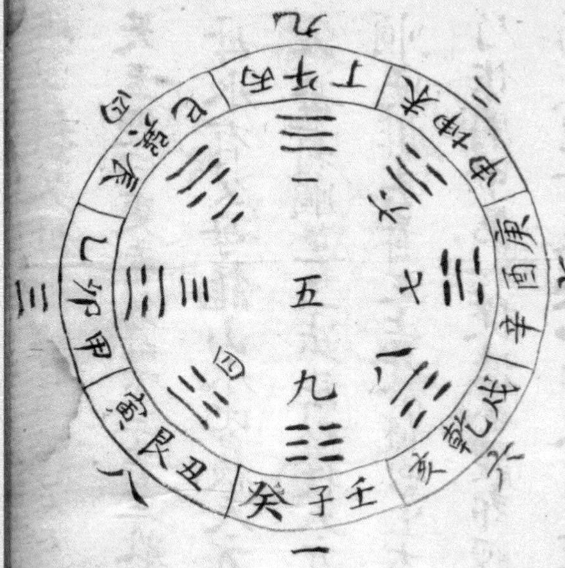

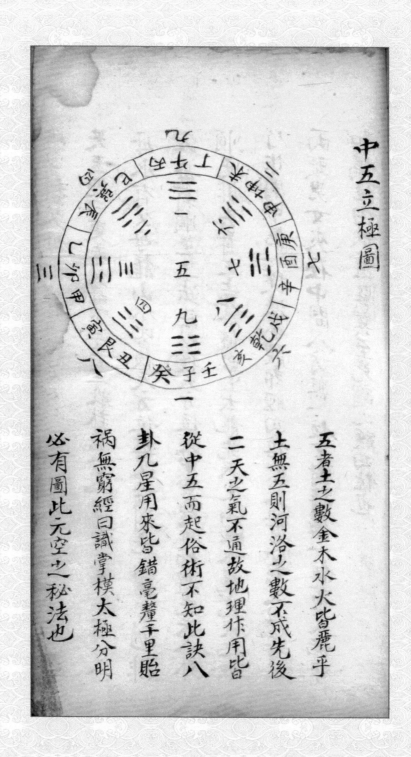

五者土之數金木水火皆麗乎土無五則河洛之數不成先後二天之氣不通故地理作用皆從中五而起俗術不知此訣八卦九星用來皆錯毫釐千里貽禍無窮經曰識掌模太極分明必有圖此元空之秘法也

排父母秘訣

天玉經曰更看父母下三吉三般卦第一蓋龍有父母水有父母龍山水比肩後天方位其父母則先天卦氣也排父母有順逆二法訣以後天方位入中宮起遁却將先天八卦順逆排去看三吉落何宮坐本龍先天之山收本龍先天之水乃作用中第一捷法全體即經四位起父母之義父母居於兩頭男女夾在中間八方無一位不對待無一位不交姤非如僞法由坎至巽巽至兑謂之經四位也

先天定父母摠圖

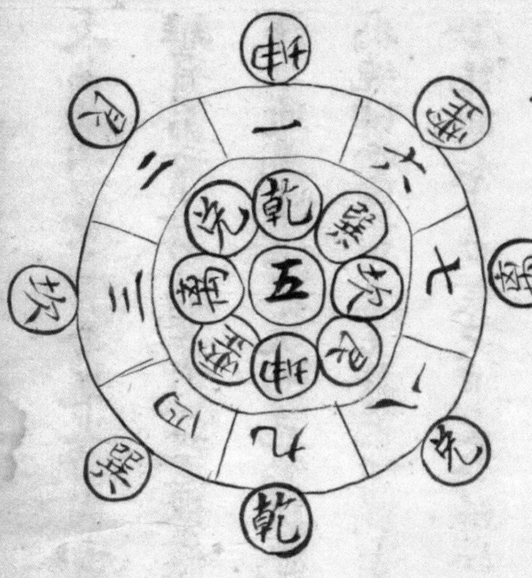

後天排父母摠圖

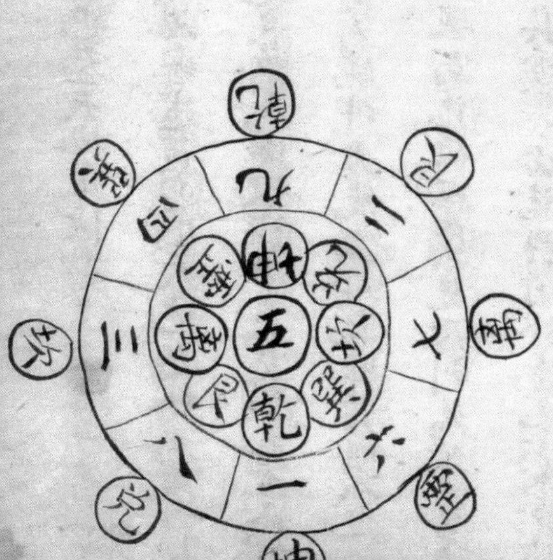

金龍水口解

水口必用兑兑者金龍之所從出也葢天地定位而後山澤之氣不通雖有男女之名而無夫婦之實何以宏生育而成天地之功用乎自山澤一通兑艮上爻交而兑為純乾艮為純坤坎離中爻交離為純乾坎為純坤震巽初爻交巽為純乾震為純坤金龍出於兑非其明徵乎知金龍則知水口矣天下之水歸於東南兑位在焉兑反則為巽巽者震之對震反則為艮故用兑而兼用巽震艮者兑巽用於當元而震艮用於失元則以卦有反正水有順逆一山兩用妙術出焉訣曰知妙要差

右元闕同一竅言一山一竅而分兩局神明變化而不窮以水言也世傳蔣氏四十八局以山言必是後人偽托決非中陽之書曰青囊序云先看金龍動不動後察血脉認來龍奧語云認金龍一經一緯義不窮不知金龍則不知水口定卦換星何所據而施妙用乎易曰大哉乾元萬物資始又曰乾道變化各正性命又曰六位時成時乘六龍以御天大哉金龍與時偕行與時偕極非天下之至神孰能與於斯言地理而及此至矣哉

元空法鑑跋

地本實而不空理至顯而非元元空之說奚為哉不知地統於天天本空也

故地之氣與天通天本元也故天之氣與地應一通一應闔闢相循元者非元空者非空矣然一通一應變動不居則不元而又至元不空而又至空矣輝山先生法鑑之作其即斯旨乎觀其演圖晰義曰雌雄曰元運曰金龍曰挨星執其實以求之理本幽深也遺其象以求之學無宗主也道至實而至虛理愈顯而愈微此元空之妙諦也業斯道者精以求之神而明之宗旨於以得百二十家之說可不辨而息矣昔孟子之闢異端也其功不在禹下吾謂法鑑之作其功不在楊曾下

元空法鑑跋

地理以三卦爲宗三卦以元空爲主元空之旨不明則三卦之用必舛而地理之學不真中陽蔣氏辨正一書其名不在楊曾下惜其詞簡而義晦閱者從暗中摸索了無確據故乾坤法竅辨正補義辨正直解辨正解疑等書接踵而起人人言元空實人人不解元空而三卦之害更甚於三合爲可恨也一鄙性好談山水每遇名勝及前人名墓不憚登涉考証有年所矣近以安厝二親窀穸不敢委之庸師欲探元空之奧以從事若爲諸家所惑莫定旨歸幾欲廢書而退壬辰適青城

輝山夫子振鐸中川竭誠請教猥蒙不棄辨其訛謬示以真詮始知元空的解本儒家太極之精即仙佛証道之原實地理無上之義歷來名師所密秘

而不肯輕洩者今且著爲成書正告天下天下讀青囊天玉而不得其解者以圖証註以註合圖得此一篇不第迷津之寶筏覺路之金繩豈但有功於辨三其造福於天下後世不尤溥哉一幸與校讐之末敢綴数語以表授受有自云

蔣中陽註天玉寶照諸經全非元空正義元空用顛倒而蔣氏經四位而起父母之法純用順逆直與諸經相悖此處錯全書皆謬矣試共叅之　輝山謹識

天地挨星數學圖

梓潼李指南補圖

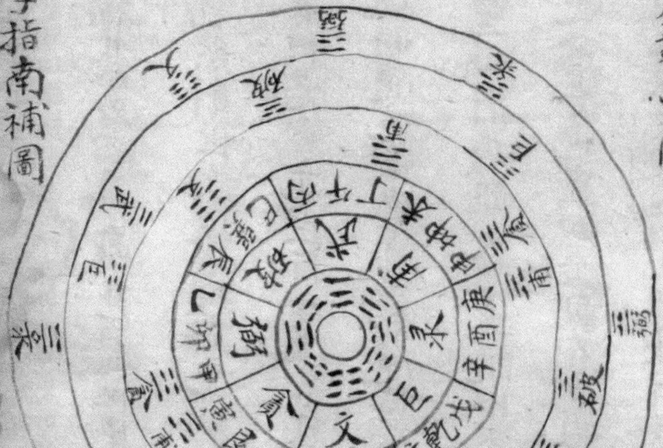

陰陽兩片內外三索
用此圖方爲不出卦

用顛倒為珠寶
用順逆為火坑

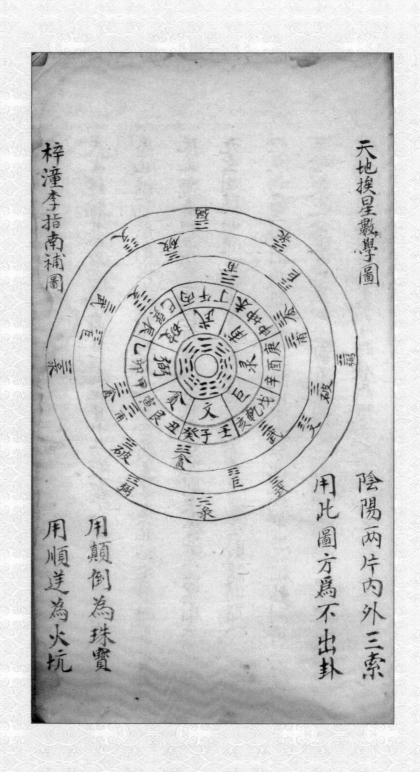

元空法鑑叙

天生神物其名曰易身色無恒日十二變聖人設卦觀象取以名經尚其變也然則世之談地理而托名於易者多矣其知變乎曰否知變化之道者惟元空元空行陰陽之氣者也元則未嘗不空空則未嘗不元元空固隨時隨地而變者也知隨時隨地而變之元空則隨時隨地可提元空矣而世之俗術乃執大小之說以求之妄也執納甲洪範卦例甫星四經三合以求之愈妄也豈知變動不居周流六虛元有活法空有活機太極兩生陽靜而生陰陰陽交而生旺集所謂元之一而神者無非空之兩而化也

七星水法來去斷訣

輔弼水來最高强　房房富貴福壽長

輔弼水去退田庄　男妖女亡爲孤孀

註曰此水朝堂房房發遲唯三房最盛亡人屍骨傑淨

武曲朝水最是奇子孫姓名金榜題若見水流入辰位富貴榮華不須疑

武曲水去血光死男女離鄉自吊亡年年有事家財散七八年中敗一塲

註曰此水朝堂孟季兩房先發人口興旺子孫聰明寅午戌亥卯未年仲房大發百子千孫綿遠亡人屍骨如金色紫藤蓋棺之兆

破軍臨位不堪言先殺長子後殺孫亡人兩頭螻蟻聚竹木藤根滿棺纏屍骨棺板
不周全

破軍水去大吉昌武職為官坐朝堂先進五音人田地外州開庫置田庄

註曰此水朝堂先敗長房次敗仲房田地人財官事牽連凶暴刑獄徒流陣亡投軍作賊女妖男亡子孫聾啞疾病癲狂應巳酉丑寅午戌年圖賴殘疾劫掠好訟少亡絕嗣棺內有水骨黑竹木藤根泥土入內白蟻咬棺屍骨不全葬下
三六九年即應

廉貞水來虫蟻多蛇鼠穿棺自成窩屍骨損壞多黑濫眾房子媳受奔波

廉貞水去最為良富貴榮華定長房水去高山多齊整添丁進寶好田庄

註曰此水朝堂先敗長房狂淚執拗詐為多悖逆刧掠雷傷瘟疫吐血子孫眼疾脚殘女產男亡少年孤寡敗絕文燕並入野狐侵人應巳酉丑亥卯未年中房退財長房最凶且速改之則吉亡人骨黑如泥土口開頭倒左棺穿破有底無蓋蛇鼠虫蟻作窩

貪狼臨位水無災紫氣先從脚下來兩臉紅顏如在日衣裳恰是斬新裁

貪狼水去好貪花賣了田園絕了家覇職停官因此水兒孫貧窮不成家

註曰此水朝堂先發長房後發仲房聰明孝友水去內生黃黑虫百子千孫見

官星郎早發科甲若見田塘溪坑毛流小水富貴遲來亡人筋骨乾淨巳酉丑寅午戌年應之

巨門水朝起灰塵穴内祥雲瑞氣生定主兒孫多富貴出人清秀更超群

巨門水去主離鄉賣了田園走外邦投河自縊並落水女人公事不風光

註曰此水朝堂房房發達多生貴子後發三房姻親得財亡人紫藤蓋棺出人忠厚長壽神亥卯未年應之一百事興旺水去子孫九流術人僧道螻蟻烏牛生白子若田塘溪坑毛流小水子孫享福無疆

祿存若見水冲來吹骨翻棺定可哀不㐲請君開棺看棺内泥土更生災

註曰此水朝堂先敗長房瘟火牛災退敗女妖男亡子孫聾啞亥卯未寅午戌年應若見田塘溪坑毛流小水亡人骨黑如泥土十五年中白蟻蛇虫咬棺木根穿棺骨出人頑鈍狂妄男鰥女寡淫亂產死自縊形體虧殘

文曲水來是若何必亡貧窮棺水多災主其中泥土聚更知白蟻作成窩

文曲水去生嬰子田地家財萬事興常受人家便宜事富貴榮華賽鄉村

註曰此水朝堂先敗小五仲房家財冷退女產男亡子孫聾啞癆瘵懶惰患眼跌足投河自縊淫亂顛狂賭奢離鄉亥卯未巳酉丑年應一中房退財若見田塘溪坑毛流小水亡人屍骨如泥十二年白蟻食棺水

大者二十四年水小者四十年蛇鼠入棺木根纏觔骨

七星總斷訣

廉貞木根生黑泥三分泥土不差移祿存文曲三分土蛇蟻鼠窩內中藏破軍水來生清水白蟻專棺木根穿若還武曲水倒右蛇蟻木根在頭邊廉貞破軍去滔滔水遠山迴氣象高華表捍門為水口人人代代產英豪

放水解

當去之方干可去支上去來俱無情生養流破終雖絕破直流水乃為真沐浴宜去冠莫去臨官帝旺來最亨病死絕去胎宜靜衰水來吉去

必迪支上去來切不可第一消納要細心

貪狼為救丁之神生養流來最吉武曲運為運錢之魁官旺流入為佳沐浴來凶而冠來吉文曲中有彼此兩辦絕水宜去而胎宜靜祿存內吉凶依分

廉貞直病死兩宮點穴滴流來皆貢禍巨門為衰位吉曜汪洋去來豈無愆

三房孟仲季水法興衰斷决

生為貪狼寅申巳亥乾坤艮巽兼胎養沐浴而居孟房所管

旺為武曲子午卯酉甲庚丙壬兼冠帶臨官衰而居仲房所管

墓為破軍辰戌丑未乙辛丁癸兼病死墓絕而居季房所管

如三房水去來合法自無偏枯之弊水放天干人行地支放口水切不可

帶一分地支門路宜行地支二十八宿分別

能放水口榮枯定局細看明堂水口斷法退敗孟仲季三房

乾坤艮巽先發長寅申巳亥長難當 一四七孟房 甲庚丙壬仲房發子午卯酉中

男煞 二五八仲房 乙辛丁癸小兒強辰戌丑未小兒殃

龍身八煞

實九煞也唯有坎龍忌辰戌向山是煞也坎龍坤兔震山猴巽鷄乾馬兌

蛇頭艮虎離豬為煞曜宅墓逢之一但休

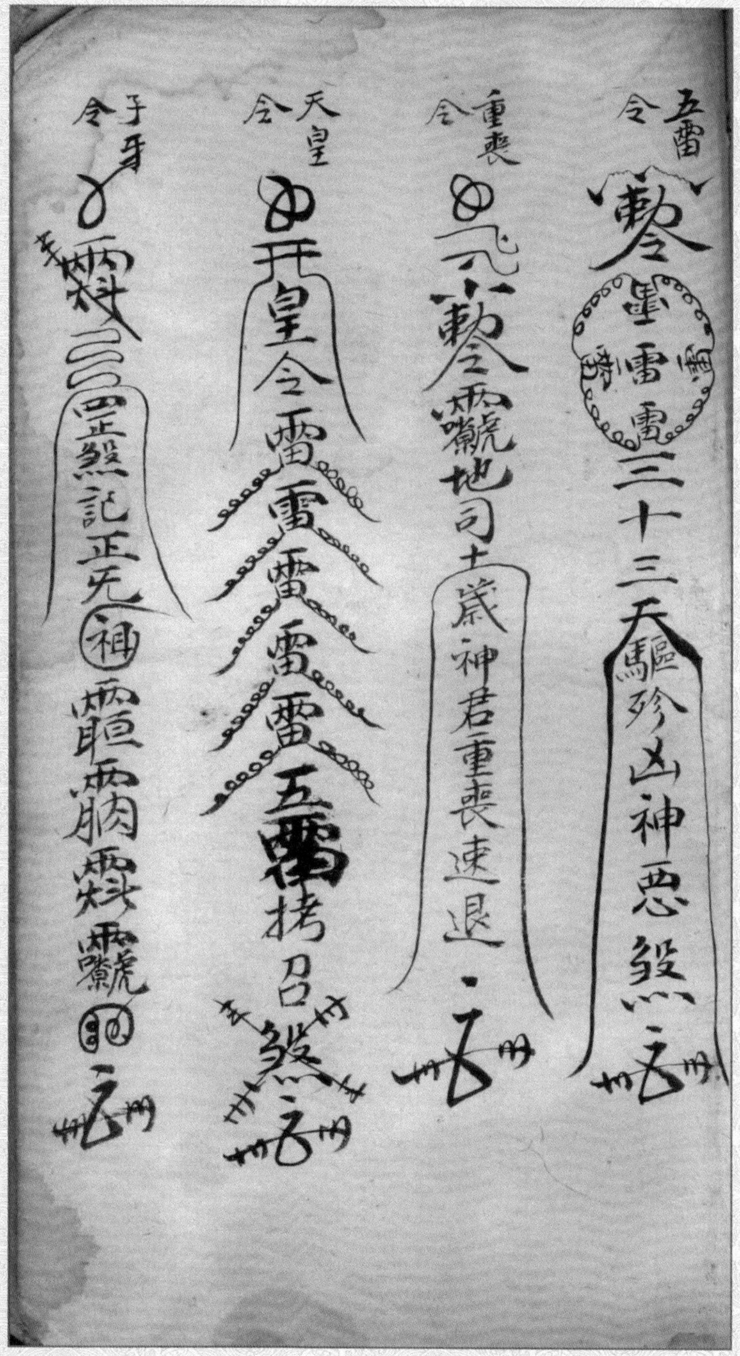
五雷令
重喪令
天皇令
三十三天驅殄凶神惡煞
歲神君重喪速退

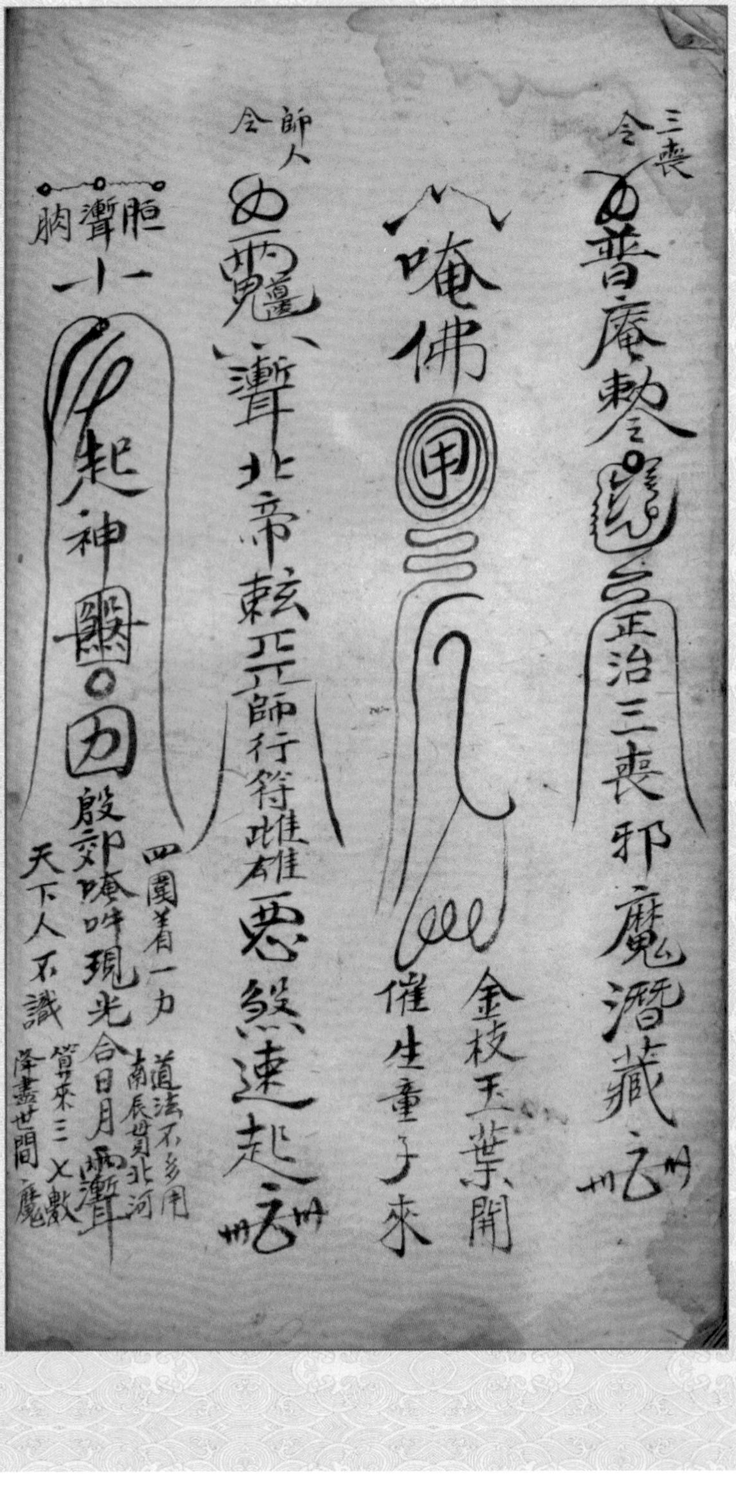
三喪
令
普庵
正治三喪邪魔潛藏
唵佛
金枝玉葉開
催生童子來
師人
令
北帝
師行符雌雄
惡煞速起
起神
殷郊唵吽現光合日月
四圍著有一力
天下人不識
道法不多用
南辰北斗北河
管來三七數
降盡世間魔

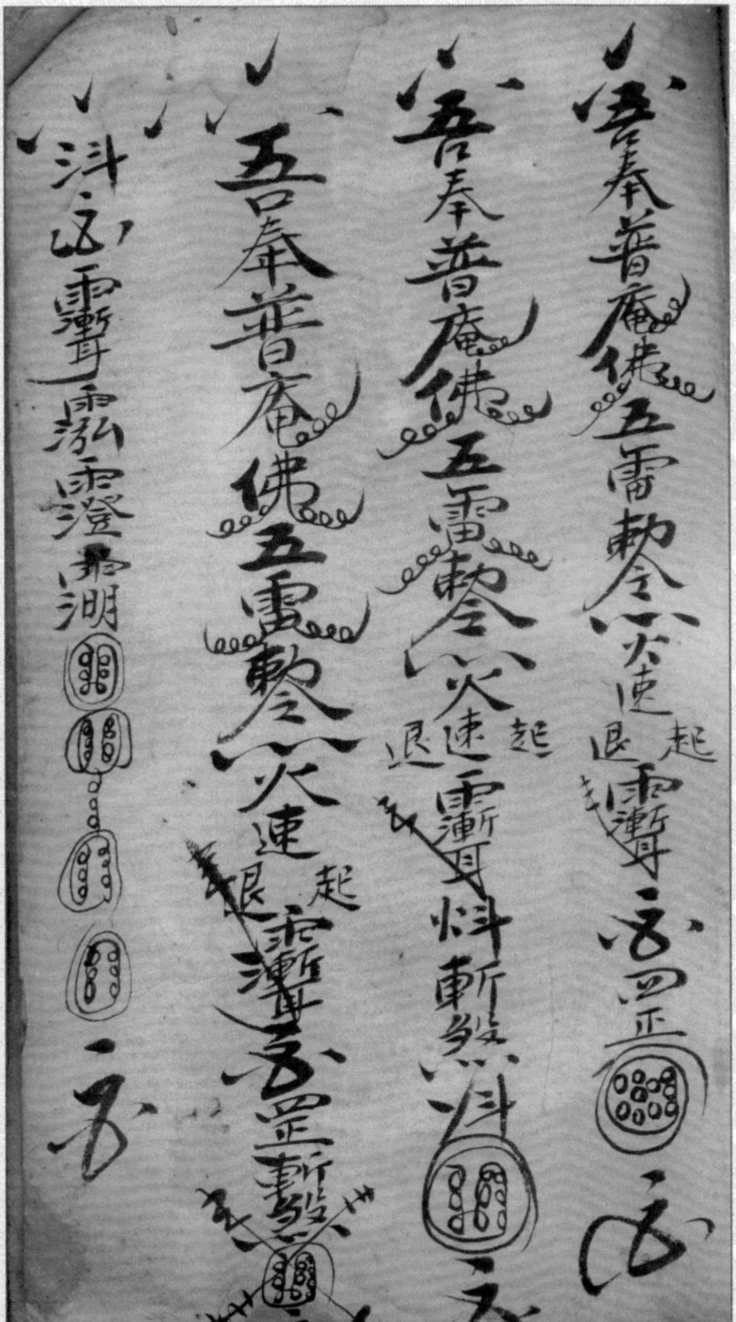
吾奉普庵佛五雷勅令火速
吾奉普庵佛五雷勅令火速
吾奉普庵佛五雷勅令火速
起
退

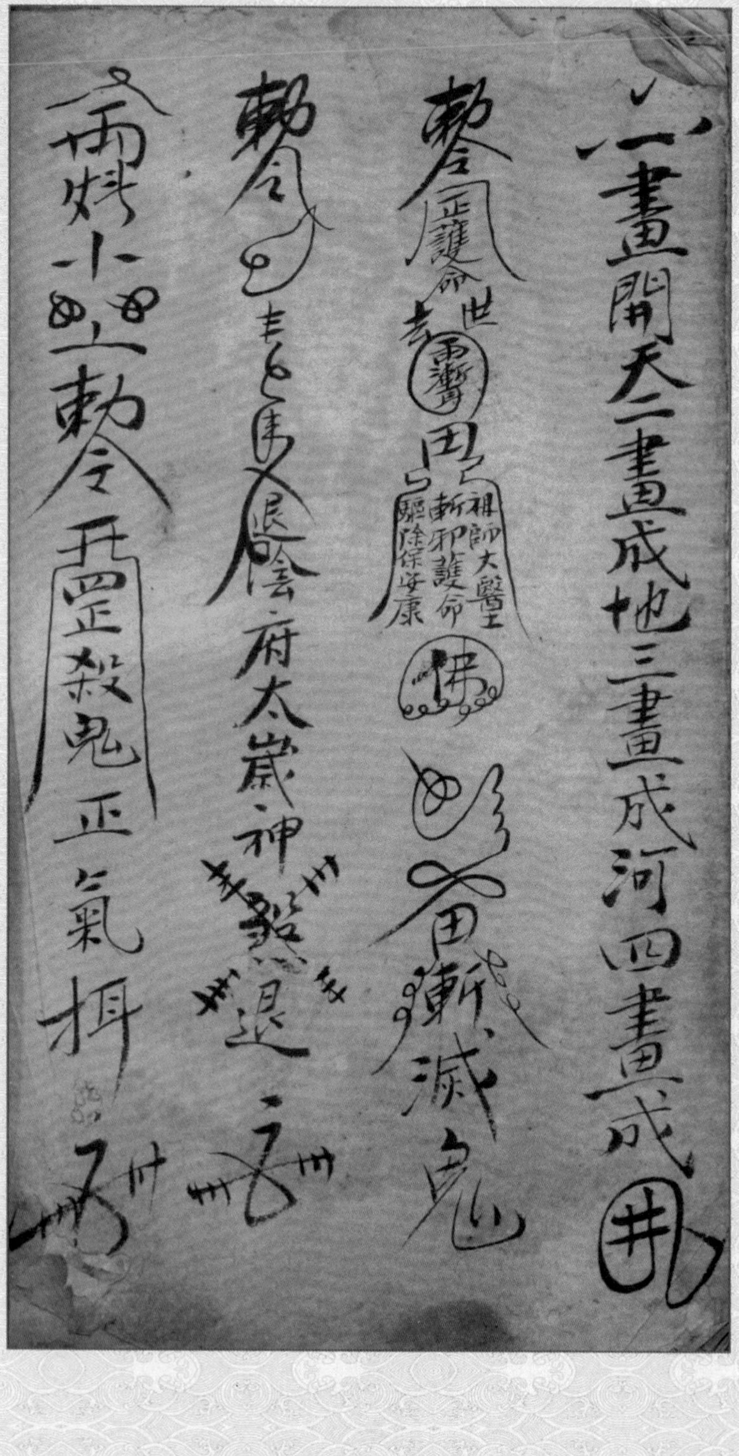
一畫開天二畫成地三畫成河四畫成
敕令
正護命
世
祖師大聖
斬邪護命
驅除保安康
斬滅鬼
敕令
陰府太歲神煞退
敕令
正殺鬼正氣押